人生總會有辦法！

學會首尾一貫感，獲得讓生活更自在的壓力應對能力

舟木彩乃／著　王綺／譯

前言

在工作中，免不了會遇到不少令人感到疲憊、不安、沮喪、自我厭惡、煩躁的事情。

展讀本書的你，應該也曾經因為工作犯錯而沮喪、對於巨大的變化感到困惑、職場人際關係不順利，或是為了主管與下屬間的關係而煩惱吧。

面對高壓的狀況，或許你的心靈已經有點出問題了。

而另一方面，有些人明明面臨與自己類似的狀況，卻能夠生龍活虎且開朗地繼續工作。面對壓力，有些人能夠保持心理健康、正常工作，有些人則做不到。

兩者之間的差異到底在哪裡呢？

其中一項差異，就是本書要介紹的

「首尾一貫感」。

首尾一貫感是什麼呢？

所謂的首尾一貫感，英文為Sense of coherence，就是

「即使處在高壓的狀況下，也能妥善應對該狀況，並保持心靈健康的能力」。

因此，首尾一貫感也稱為**「壓力應對能力」**。

首尾一貫感

＝

別稱 **壓力應對能力**

相關的專業書籍是這樣說明「首尾一貫感」的定義的，雖然用詞有點艱澀，但這是一個非常重要的概念，所以在此介紹給大家。

「（所謂的首尾一貫感）是指即使面對高壓的事件、狀況，也能妥善動員一個人內外的資源，（中略）將之轉化為養分，能夠讓自己健康、有精神且開朗地活下去的能力，或稱能量來源。一言以蔽之，即「健康生活的能力」。」（《健康生成力SOC與人生、社會（暫譯）》，山崎喜比古監修，戶里泰典編／有信堂高文社）

如同這本專業書籍的節錄內容一樣，首尾一貫感也被稱作**「健康生活的能力」**。沒錯，**所謂的首尾一貫感，簡單來說就是「即使遇到辛苦的工作、令人感到疲憊的人際關係、高壓的事件，也能夠開朗健康地活下去的能力」**。

提倡首尾一貫感的人物，是醫療社會學家亞倫·安東諾夫斯基（Aaron Antonovsky）博士。

在一九七〇年代，安東諾夫斯基博士針對「在第二次世界大戰中曾被關進納粹德國的猶太人集中營，之後卻保持健康的狀態活過更年期的女性」進行了研究。

他對即使有過殘酷的經歷，仍能「保持健康的女性」所擁有的「想法」和「價值觀」進行分析，最後得到的結果就是「首尾一貫感」。

在極度高壓的環境中存活下來且保持健康的人們所擁有的想法和價值觀，對於要在壓力社會中存活下來的我們來說，是一個重大提示。因此，心靈健康和公共衛生等領域都持續對此進行研究，近年來，也開始受到教育和照護等多元領域的關注。

我是在讀研究所在職專班時，於碩士課程上得知首尾一貫感這個概念的。研究內容是針對「國會議員祕書的壓力狀況」進行調查，並研究是否有方法可以改善或預防該壓力。

其實，我曾經在議員辦公室工作過。

在那個工作經驗中，我經常感到「議員辦公室是黑心職場」、「議員祕書是一個非常高壓的職業」。

國會議員祕書的工作內容有可能因為議員的一念之間而出現大幅變動，或演變成失職，所以我經常聽人說「要非常照顧國會議員的感受」。

許多地方的祕書流動率都很高，若是問一下「咦？那位祕書呢？」，經常會得到突然連絡不到人、失蹤、罹患憂鬱症、無預警開除等等要是發生在民營企業感覺會釀成大問題的答案。

此外，因為不適用勞動基準法，所以有時候也會遇到被迫長時間勞動，卻無加班費可領的情況。

我在研究中請議員祕書進行壓力檢測，結果其中高度壓力者的占比，是其他職種的兩倍以上。

然而，即使在會因為議員的一念之間而變動、不穩定雇用、人際關係難處理的高壓工作狀況下，也有些議員祕書可以生龍活虎地工作。他們到底是怎麼樣的一群人？我對此深感興趣而進行研究，在研究過程中接觸到了首尾一貫感這個概念。

許多在高壓狀況下也能維持心靈健康，甚至還能將這種狀況轉化成養分並神采奕奕地工作的祕書，都讓我心生佩服，忍不住感嘆道：「首尾一貫感好強啊。」

首尾一貫感是由以下三種感覺所構成的。

①可理解感（大致上理解）

指一個人對於自己現在所處的狀況和今後的發展有所掌握，或是覺得在一定程度上能夠預測。認為發生在自己身上的事「大致上都在預測範圍內」或「大致上理解」的感覺。

②可應付感（總會有辦法）

指一個人認為自己遇到的壓力或障礙是可以解決的。認為只要活用自己所擁有的「資源」（人際關係、金錢、知識、權力）就「總會有辦法」的感覺。

③有意義感（任何事都有其意義）

指一個人認為發生在自己的人生中或自己身上的一切都是有意義的。即使眼前面臨巨大的困難，也認為其中具有意義，覺得只要跨越困難，就能獲得成長，是一種認為「任何事都有其意義」的感覺。

我在認識首尾一貫感以後，覺得它非常有用，所以也將它應用在諮商上。

從以上描述來看，我覺得帶著煩惱來找我們這些心理師諮商的人之中，最缺乏的就是「可應付感」，**也就是感到「總會有辦法」的能力**。

在首尾一貫感的三個感覺之中，可應付感的存在感通常較為低落。

因此，我認為**抗壓性偏低或因為處在高壓環境而心理發生問題的人，不妨去增強可應付感**。

那麼，該怎麼做才能增強可應付感、並進一步產生「總會有辦法」的感覺呢？

方法有很多，要產生「總會有辦法」的感覺，最重要的就是要擁有**「最後總算順利解決的經驗」，也就是「成功體驗」**。意思就是，**「因為有過最後總算順利解決的經驗，才會覺得下次也總會有辦法解決」**。

因此，能讓人覺得「順利完成了」、「總算解決了」的成功經驗累積得愈多，就愈容易產生「總會有辦法」的感覺。

此外，**「想法」**、**「價值觀」**、**「看事情的角度」**這些因素也很重要。我認為以積極的眼光看待各式各樣的體驗與事件，即便遇到壞事，也能將之轉換成養分的人，更容易產生「總會有辦法」的感覺。

假設一件事情能順利解決的因素以及會造成失敗的因素各占五成，如果只聚焦於那些會造成失敗的因素，就無法產生「總會有辦法」感；而聚焦於能順利解決的因素，想著「總會有辦法」並採取行動，才容易產生「總會有辦法」感。

預判情勢、**理解狀況**、**掌握狀況的能力**（**可理解感**）會影響我們能否產生「總會有辦法」的感覺。

舉例來說，在沒有地圖，不知道還有多遠才能抵達終點的情況下一直走路，就會覺得「好累，撐不下去了」而不知所措，對吧？

但是只要有地圖，知道自己距離終點還有三分之一的路程，就會覺得「應該可以走到終點」、「總會有辦法」。

能在某種程度上了解自己所處的狀況，或預判未來情勢，就會產生「總會有辦法」的感覺。

要產生「總會有辦法」的感覺，我認為非常重要的因素還有**「人際關係」和「依賴他人的能力」**。

可應付感也是一種類似「把自己周遭的人牽扯進來，就能解決問題」的感覺。因此，想要產生「總會有辦法」感，可以借助他人的力量，不用自己一個人想辦法。

更詳細的內容會寫在正文，總之，記得運用人際關係、知識、金錢、權力等自己所擁有的「資源」來產生「總會有辦法」感就好。

處在看不見未來、痛苦不安、覺得「快要不行了……」的狀態時，不妨與自己可以坦然求助的人或自己信賴的人一起面對。

只要認為「出事的時候那些人會來救我」，應該就能夠產生「總會有辦法」感。這些**「人際關係」和「依賴他人的能力」，也是幫助我們產生「總會有辦法」感的重要因素。**

如前所述，產生「總會有辦法感」的方法有很多種。只要改變自己的行動和想法、看待事情的角度、面對他人或與他人相處的方式，就會慢慢變得更容易產生「總會有辦法感」。

首尾一貫感是當人處在痛苦的環境、遇到難過的事件、看不清未來等高壓狀況時，也能妥善應對並保持心靈健康的能力。這是一本是用淺顯易懂的方式講解首尾一貫感的入門書籍。

另外，本書的核心是增強首尾一貫感，特別是增強可應付感。也就是要告訴大家如何提升產生「總會有辦法感」的能力。

在具體方法的部分，我會基於自己的諮商經驗，盡可能向各位介紹容易執行的方法。這沒有那麼困難。從感覺做得到的部分開始，一次一點點就好，請大家嘗試看看吧。

作為一名諮商師，我至今為止的諮商人次超過一萬。諮商對象主要是社會人士，不過每個個案在社會上所處的立場與年齡都各不相同。

諮商內容也非常多元，除了來自主管的壓力或超時工作等職場煩惱之外，還有人際關係、對將來的不安，以及家庭問題等等。

遇到職權騷擾的主管、態度強硬的客戶提出無理要求、下屬與自己的價值觀南轅北轍、突然被調去與自己適性不合的部門、升遷後被委派過於重大的工作等等，只要在社會上工作，這些事情就會不斷發生。

當然，私生活方面也會遇到困難。比如一邊工作一邊帶孩子、父母突然需要人照護、與伴侶不合等問題。

也有可能遭遇地震或洪水等以人類之力無法抗衡的天災。

總會
有辦法！！
也看看
這一面吧！
看事情好的一面
好
！
成功體驗
幫幫我～
人際關係
嗯
掌握狀況

人只要活著，就得面對困難、承受壓力、受煩惱折磨。

本書希望能在讀者不安的時候、沮喪的時候、焦慮的時候、在艱難的狀況下覺得自己「快要不行了……」的時候，讓各位的心態變得從容，產生「總會有辦法！」的感覺。

若能幫助各位提升不管發生什麼事都能覺得「總會有辦法！」的能力，以及在高壓狀況下也能保持心靈健全的能力，我將感到非常開心。

二〇二三年　九月

壓力管理專家／公認心理師

舟木彩乃

購書者限定特典

可以從下方 QR code 下載本書二至四章

的空白工作表。

請各位務必影印出來使用。

https://reurl.cc/yvLrjD

contents
目錄

第2章 增強可理解感的課程

大致上理解

第3章 增強可應付感的課程

總會有辦法

第4章 增強有意義感的課程

任何事都有其意義

第1章

為了不被壓力擊垮

所謂的首尾一貫感，就是妥善應對壓力的能力

人生就是一連串的壓力

只要出社會工作，就會遭遇各式各樣的事情。

- 職場人際關係很難搞，要費心注意很多事情，好痛苦。
- 主管朝令夕改，把我耍得團團轉，真是受夠了。
- 事情好多，總是在加班。對於被工作追著跑的日子感到疲倦。
- 自從調部門之後，工作就變得好無聊。很擔心自己的將來。

・雖然獲得升遷，但管理下屬和達成業績目標都好累人。

應該有很多人對上述的狀況或環境感到很有壓力吧？在工作上，很多事情都會帶來壓力，認為生活中「完全沒有壓力」的人應該是少數中的少數。

從「隔壁閒聊的聲音很吵」、「主管檢查文件太刁難」這類日常中的微小壓力，到「公司人際關係充滿火藥味，好痛苦」、「公司把責任重大的案件指派給我，沒辦法請假」這類巨大壓力，說我們的工作就是一連串的壓力也不為過。要是可以的話，真希望自己工作時能妥善應對這些壓力，不過度沮喪或影響身心健康，各位是否也這麼覺得呢？

能夠幫助我們妥善應對這些壓力的能力，就是本書的主題——「首尾一貫感」。

幫助你度過漫長人生

所謂的首尾一貫感，說得仔細一點，就是**「根據狀況靈活且迅速地選擇適當方**

法，並運用此方法圓滑解決高壓事件的能力」。

自己所在的部門遭到裁撤、公司倒閉等等會讓人覺得「完蛋了」的大危機，在社會上比比皆是。當然，在工作之外也會遇到各種危機與困境。人有可能會生病或突然遭逢事故，也有可能在生了孩子後，育兒與工作蠟燭兩頭燒、為了自己與伴侶之間的關係煩惱、為了照顧父母而面臨巨大的問題等等。

面對上述發生在人生各種場面的大多數高壓事件，首尾一貫感都會給予我們「圓滑處理的能力」以及「將壓力轉換成養分的強大能力」。更不用說在這個人類壽命已達百歲的世代，工作時間也相應拉長了。隨著工作時間增加，遭遇預料之外的危機或令人感到巨大壓力的事件的機率也提升了。而首尾一貫感能幫助我們順利度過工作人生。

首尾一貫感

低的人　　高的人

好的變化也會伴隨著壓力

結婚和轉職的壓力也很大

上一個小節已經告訴各位，面對危機或高壓的狀況，首尾一貫感是相當有用的。然而，即便遇到快樂的事或處在幸福的狀況下，也有可能會感到壓力，這一點必須多加留意。

美國精神科醫師湯瑪斯・赫姆斯（Thomas Holmes）把會造成壓力的人生事件量表化，並打上分數，提出「生活事件壓力量表」（參照左頁）。

根據該量表，不僅是親近的人死亡或生病等悲傷的事件，結婚、生小孩、轉職這

生活事件壓力量表

排序	事件	分數
1	配偶死亡	100
2	離婚	73
3	夫妻分居	65
4	入獄	63
5	近親死亡	63
6	個人疾病或受傷	53
7	結婚	50
8	被解雇	47
9	夫妻復合	45
10	退休	45
11	家人的健康情形出現重大變化	44
12	懷孕	40
13	性方面的障礙	39
14	家庭成員增加	39
15	重新調整工作	39
16	經濟狀況出現重大變化	38
17	好友死亡	37
18	轉職	36
19	與配偶爭執的頻率改變	35
20	借款超過一萬美元	31
21	損失抵押品、貸款	30
22	工作職責改變	29

排序	事件	分數
23	子女離家	29
24	與親戚發生衝突	29
25	個人的輝煌成就	28
26	妻子就職或離職	26
27	入學／畢業	26
28	生活條件改變	25
29	修正個人習慣	24
30	與主管不合	23
31	工作條件改變	20
32	搬家	20
33	轉學	20
34	休閒娛樂改變	19
35	教會活動改變	19
36	社交活動改變	18
37	借款一萬美元以下	17
38	睡眠習慣改變	16
39	家人團聚的次數改變	15
40	飲食習慣改變	15
41	休假	13
42	聖誕節	12
43	輕微違法	11

※分數表示經歷的事件對心理的影響力強弱。分數為概數，因此即便分數相同，排序還是有差異。

資料出處：以小杉正太郎編著的《壓力心理學——個人差異的方法與因應策略（暫譯）》為基礎製成

類令人開心的事件也會帶來不小的壓力。

無論是好的改變還是壞的改變，只要是改變，都會伴隨著壓力。

舉例來說，假設你終於實現心願，被調到自己一直嚮往的熱門部門，但是即便去了那裡，那份新工作也是有壓力的，比如說習慣工作環境、學會該部門的工作方式、從事自己嚮往的工作才會感受到的那股「必須拿出成果」的壓力。

再假設你結了婚，與最愛的人同住一個屋簷下。與愛人住在一起雖然很快樂，但另一方面，兩人在此之前終究是各過各的生活，早上起床的時間或對食物的喜好、做選擇時的思考方式、怎麼度過假日，這些都和自己不一樣，有時也會有感到難以說出口的壓力吧？

人類會對習慣的事物感到安心，對全新的事物感到不安或戒備。在習慣之前，都會感到某種程度的不安。

因為技術發展而瞬息萬變的時代

在漫長人生中，會遇到好事，也會遇到壞事，沒有人的人生是毫無變化的。而首尾一貫感能幫助我們妥善應對面對新挑戰或正面變化時產生的壓力。

看看如今的AI（人工智慧）就能知道，技術正在以驚人的方式發展。大家眼中的嶄新技術，有可能十年後就被完全不一樣的新技術取代。商務界會連帶產生變化，而變化也在一天天逼近我們的工作方式。

我們生活在一個瞬息萬變的時代，為了應對伴隨著現代的激烈變化而來的壓力，我深深感受到首尾一貫感有多麼重要。

認識首尾一貫感

首尾一貫感由三個感覺所構成

「首尾一貫感」到底是什麼感覺呢？在前言已有簡單提過，在此重新進行說明。所謂的首尾一貫感，就是能在高壓狀況下跨越難關，並保持身心健康的能力。因此首尾一貫感又有「壓力應對能力」的別稱。首尾一貫感不僅是一種能保護自己在遇到壓力或意外事件時免於受傷，並應對這些狀況的能力，甚至還能把這些壓力或意外事件轉化成幫助自己成長的養分。

首尾一貫感的英文是「Sense of Coherence（SOC）」。「Coherence」直譯為

「前後一致」。「前後一致」聽起來有點生硬，除了「前後一致」以外，「Coherence」還可譯為「一致性」或「連貫性」，可以解釋為「有條理」或「整體邏輯通順」。

首尾一貫感更詳細的解說如下：「即便經歷極限的壓力，面對嚴苛的狀況，也能將之轉化為養分，認為自己的整個人生是有條理的，換句話說，就是無論遇到好事還是壞事，經歷過什麼樣的事件，依然認為自己的人生整體而言合乎邏輯、可接受的感覺。」

而首尾一貫感是由三個要素（感覺）所構成的。

簡單統整如下。

■可理解感（大致上理解）——認為在某種程度上能夠掌握自己現在所處的狀況或今後的發展。

■可應付感（總會有辦法）——認為自己遇到的壓力或障礙是可以解決的。

■有意義感（任何事都有其意義）——認為發生在自己的人生中或自己身上的

一切都是有意義的。

接下來將逐一進行說明。

什麼是可理解感？

首先是**「可理解感」**。

可理解感是一種對於自己現在所在的環境處於什麼樣的狀況、未來會有什麼樣的發展，具有某種程度的理解，或有得到可接受的說明的感覺。

也就是**「大致上都在預料範圍內」**、**「大致上理解」**的感覺。

舉例來說，假設一個服務業人員突然被客人怒罵，「不知道自己為什麼會被怒罵」而感到困惑的人，會感到沮喪與不安；另一方面，認為「世界上也有超乎自己想像的怪人」而能夠理解狀況，或是認為「只要從事服務業，就有可能被客人怒罵，沒什麼大不了的」，在某種程度上早有所料的人，應該就不大會感到沮喪或煩惱。

上述這些「在預料範圍內」、「早有所料」、「不就是這樣嗎」、「大致上理解」的感覺，就是可理解感。

一般認為，**在規則或規律、價值觀、責任歸屬明確的環境累積經驗，會更容易培養出可理解感**。以職場來說，就是工作規則或績效考核機制完善，像是「這個工作做到這個程度就會得到好評」、「考核基準有三個，達到八成就會加薪」這種容易預料未來發展的環境。

換言之，就是「容易理解的環境」。在這種某種程度上容易理解、可預測的環境，不斷累積具有一致性的經驗，就能培養出可理解感。

什麼是可應付感？

接下來是「**可應付感**」。

可應付感是一種藉由運用「資源」，認為自己「能夠應付」、「總會有辦法解決」自己遇到的壓力或障礙的感覺。這個「資源」，可以是人脈、知識、金錢、權力或地位等等。

舉例來說，當工作上出了嚴重的問題時，如果身邊有可以求助的主管，或會安慰自己並給予建議的同事，我們就會覺得「總會有辦法」。這種人際關係或人脈，就是資源。此外，「知識」也是一大資源。在工作上遭遇意外狀況，有可能演變成法律問題的時候，自己具備法律知識與否，心中那股「總會有辦法」的感覺應該會有所差異。

有時候只要透過問人或讀書來「學習」，就能夠解決難題。

金錢也是一種資源。當自己任職的公司突然倒閉而面臨失業的時候，如果沒有存款，就會不知如何是好，陷入恐慌；如果身上還有七八十萬的存款，應該就能從容地想：「這也是沒辦法的事。好，再去找一家適合自己的公司吧！」

一般認為，**可應付感能藉由解決程度適中、平衡良好的課題所獲得的「成功體驗」來增強**。

運用人脈、知識、金錢等資源解決眼前的困難或課題，就能增強可應付感。

什麼是有意義感？

最後是**「有意義感」**。

這是確信**「發生在自己身上的任何事情都有意義」的感覺**。

舉例來說，從事工作量大又辛苦的工作時，內心疑惑「這到底有什麼意義」的人，和覺得「這是能幫助到客人的有意義工作」的人，面對工作的方式和心態會有顯著的差異。

再換個例子，遭遇巨大危機的時候，若是認為「只要跨越這次危機，我就會有所成長」，並將之視為「有意義的事情」，內心應該就會湧現跨越危機的力量。俗話說：「上天不會給人無法跨越的考驗。」那感覺或許和這句話很類似。確信眼前的考驗是「有意義的」。而這份確信，就是有意義感。

一般認為，**某件事情獲得正面結果，而自己也參與其中的人生經驗，有助於增強有意義感**。所謂的「正面結果」，打個比方，就是「簡報進行得很順利，拿下了一筆大訂單」這類的好結果。

據各自的工作分配，自己對於該結果「有所貢獻」，比如簡報採用了自己的意見、製作了簡報的資料或者是負責發表簡報等等，「有意義感」就會增強。

換句話說，就是在自己對簡報的成功有所貢獻的經驗之中，感到「我的存在是有意義的」、「我也能派上用場」的經驗。透過這種人生經驗，就能培養出「有意義感」。

三個感覺是相輔相成的

構成首尾一貫感的三個感覺並不是個別獨立的，而是有著互補關係。

遇到意外狀況或痛苦的事件時，如果能產生「我大致上理解眼前發生的事，某種

首尾一貫感是由三個感覺所構成

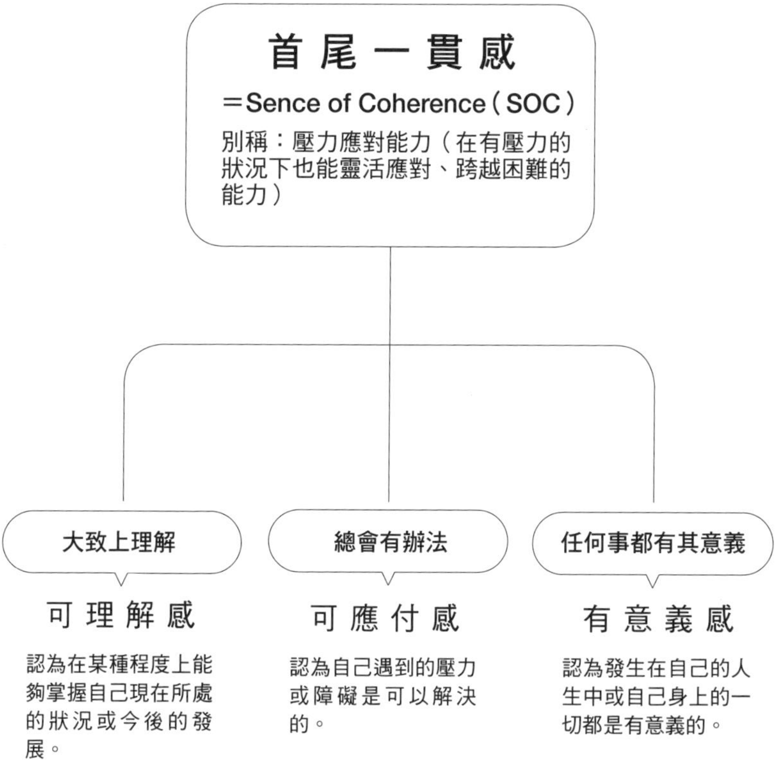
首尾一貫感
＝Sence of Coherence（SOC）
別稱：壓力應對能力（在有壓力的狀況下也能靈活應對、跨越困難的能力）
大致上理解
可理解感
認為在某種程度上能夠掌握自己現在所處的狀況或今後的發展。
總會有辦法
可應付感
認為自己遇到的壓力或障礙是可以解決的。
任何事都有其意義
有意義感
認為發生在自己的人生中或自己身上的一切都是有意義的。

程度上也可以預料接下來會發生什麼事」這種可理解感，就會連帶萌生「（在已經掌握的範圍內）總會有辦法」這種「可應付感」。

「可應付感」是一種能夠藉由運用人脈、知識、金錢、權力、地位等有助於解決難題的「資源」來激發的感覺，而藉由實際運用這些「資源」，可以掌握現況或預料未來發展，也能增強「可理解感」。

另一方面，若是具備「發生在自己身上的任何事都有其意義」這種「有意義感」，就會萌生「這次的經驗對我的人生應該別具意義，所以我要想辦法解決」這種「可應付感」。

舉例來說，假設你擔任重要客戶的負責人而承受龐大的壓力，這時只要你能抱持「客戶雖然很難搞，但提出的要求都是有道理的。雖然很不容易，不過負責這個客戶的時間也就是一年，不會一直持續下去的」這種想法，在某種程度上掌握現狀和未來的走向（可理解感），就會覺得「總會有辦法」（可應付感），內心也會稍微從容一點。

然後，只要抱持「只要在這一年的時間負責這個客戶，我就會成長為更厲害的業務」的想法，認為這件事是有意義的（有意義感），就會採取「我要努力學習，提出讓那個客戶接受的提案」這種提高可理解感的行動。另外，運用人脈「向前任負責人討教」，又會產生「總會有辦法」的感覺（可應付感）。

構成首尾一貫感的這三個感覺是相輔相成，彼此影響的。

三個感覺有著互補關係

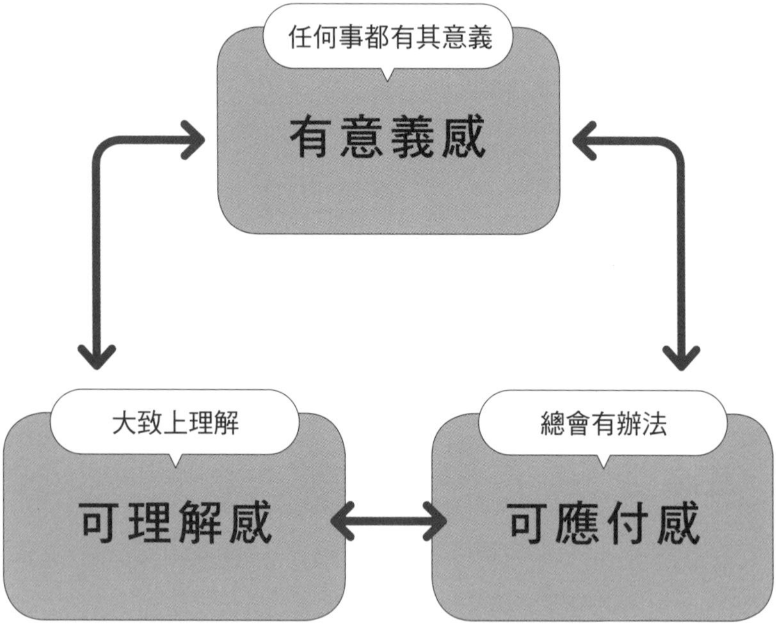

任何事都有其意義
有意義感
大致上理解
可理解感
總會有辦法
可應付感

首尾一貫感強與弱的人之間的差異

「好痛苦，不知該如何是好」的狀況

為了讓各位更加了解首尾一貫感的三個感覺具體為何，接下來將以實際的案例進行說明。

或許有些人會覺得首尾一貫感很難理解。不過，「首尾一貫感」顧名思義，只是一種「感覺」，所以只要以「總覺得應該是這樣」或「感覺上應該是這樣」的方式來理解就足夠了。

在此介紹一個來找我諮商的松本小姐（假名／三十多歲女性）的案例。

松本小姐從進公司以來一直待在同一個部門，然而調部門之後就遇到了問題。雖然工作內容並沒有差太多，但是與新主管和新同事之間相處不融洽、該部門的氣氛也與自己不合。

具體來說，就是主管下達的指示難以理解，向對方再次確認，對方又會擺臭臉，令她備感壓力。此外，該部門的氛圍非常嚴肅，同事之間只會談論公事。松本小姐覺得很難在這個部門繼續待下去，不知道接下來該怎麼辦，於是前來諮商。

我用首尾一貫感的三個感覺，深入挖掘松本小姐當時的想法和看事情的方式後，整理出以下結果。

〈松本小姐的三個感覺狀況〉

可理解感：認為很難在痛苦的現狀下繼續工作，但不知道接下來該怎麼辦。

可應付感：無法向主管與同事尋求幫助，無法認為事情能順利解決。

有意義感：看不出解決這個問題有什麼意義。

無論是誰，在工作環境改變時都會感受到相應的壓力。會像松本小姐一樣產生這些想法，也是無可厚非。

首尾一貫感強的人會怎麼想呢？

另一方面，如果遭遇和松本小姐一樣的狀況，首尾一貫感強的人會怎麼想呢？

〈三個感覺較強的人〉

可理解感：現在只是因為剛調部門，所以感覺比較辛苦，慢慢習慣之後應該會改善吧。確認一下這個部門在公司內的角色和評價，狀況或許會稍有改變。

可應付感：至今為止也順利度過了好幾次危機，這次應該也會船到橋頭自然直吧。總之，關於主管的事，先去找前部門的前輩商量吧。也可以約朋友出來喝酒轉換心情，抱著總會有辦法的心情繼續工作下去，總有一天會找到能夠談心的對象，也會慢慢適應工作環境吧。

有意義感：克服現在的狀況，自己就會獲得成長。

各位覺得如何？是否感覺兩者之間有很大的差異呢？

首先，首尾一貫感強的人會以宏觀的角度看待自己的現狀，認為「只是現在還不習慣而已」。另外，也會去找出該部門是以什麼樣的規則和評價基準在運作的，試圖去預測未來的發展（**可理解感**）。

而根據過往的經驗，他們會覺得「這次雖然要花點時間，但總會船到橋頭自然直」，也會運用人脈，「去找前部門的前輩商量」。

而且身邊還有可以幫助自己轉換心情或提供建議的朋友在。有了這些人脈和經驗，就會覺得「總會有辦法」（**可應付感**）。

此外，他們也會將之視為有意義的經驗，認為這個經驗雖然令人痛苦，也要面對很多討厭的事，但只要撐過去，「自己就能獲得成長」（**有意義感**）。

如同上述，面對相同的狀況，首尾一貫感強的人和弱的人，精神狀況是完全不一樣的。

有人會覺得「好痛苦，不知該如何是好」，也有人會認為「雖然現在有點痛苦，但事情總會有辦法解決」，以積極的眼光看待事情。

培養產生「總會有辦法」感的能力

「有意義感」是一切的基礎

我認為在這三個感覺之中，「有意義感」是首尾一貫感的基礎。

比方說，當一個人經歷過集中營生活或戰爭，抑或是遭遇如三一一大地震般超乎想像的巨大災難，就會對難以預料的未來感到極度不安。因為這種狀況會令人難以產生可理解感。而處在看不見未來的狀況下，許多人都會覺得自己的存在微不足道，難以認為「事情總會有辦法解決」。這就是可應付感微弱的狀態。

不過，就算處在這種狀態，要是能夠把眼前超乎想像的困境視為「有意義的事」，具備有意義感，就能夠積極地思考事情。

接下來就會產生動力，而若是萌生了「來做點什麼吧」、「總會有辦法解決」的想法，就會連帶產生可應付感。下一步就能採取「想想看自己能夠做些什麼」這種能夠激發可理解感的想法或行動。

像這樣以有意義感作為基礎，就有機會增強可理解感與可應付感。

來諮商的個案「可應付感」較弱

不過，根據我至今累計超過一萬人次的諮商經驗，**我覺得抱持某種煩惱來找我們這些心理師諮商的人，大多數情況都是「可應付感」較弱**。

所以我認為，如果你本身抗壓性偏低，或處在內心較脆弱的狀態，最好的方式也許是增強可應付感。

此外，增強可理解感對於提升可應付感也非常有幫助。

因為人很容易對未知的事物或真實情況不明的事物感到莫名的不安。「經歷過好幾次的工作」和「從沒做過的工作」，哪一個會讓你覺得「總會有辦法」呢？當然是「經歷過好幾次的工作」吧。

因為有過經驗而讓人覺得「大致上了解」的工作，可以從容地處理，也比較容易產生「這個工作會船到橋頭自然直」的感覺。

產生「總會有辦法」感的方法有很多

容易聚焦在「沒有順利解決」的事情上

那麼，哪一種人比較不容易產生「總會有辦法」感，也就是「可應付感」較弱呢？

舉例來說，到了表定的下班時間，工作也告一段落，盤算著今天要早點回家的A先生正準備要收拾東西下班，結果主管突然說：「這個東西很急！」指派了工作給A先生和其他幾名同事。

其他同事都拒絕了，只有A先生無法拒絕，一個人留下來處理工作。而且聽說A

先生無法在主管要求的時間內完成工作，所以下班的時候還去向主管賠罪。

主管指派了強人所難的急件，而且還只有自己一個人處理，所以即使做不完，也不是A先生的問題。

就像這樣，面對難以完成的工作或別人提出強人所難的要求，也會像A先生一樣認為「無法達成要求是自己不好」的人，就算是「可應付感」較弱的人。因為在A先生的腦中，有著「一定要完美達成對方的要求才行」的想法。

習慣這種完美主義思考方式的人，很容易只聚焦於「要完美達成」對方要求的部分，所以很難感受到「事情順利解決」的成功體驗。

這種「事情順利解決的體驗」，會連帶激發「上次事情順利解決了，所以這次應該也會有辦法」的可應付感，也就是「總會有辦法」感。

因此，經常把焦點放在「沒有順利解決的事情」上，而非「順利解決的事情」上的人，較難培養出「總會有辦法」感。

於是，產生「總會有辦法」感的能力就變得愈來愈不穩定。

逐漸改變思考方式以及與人相處的方式

另一方面，較容易產生「總會有辦法」感的人又是如何呢？

遇到相同的情況時，他們能夠與主管進行交涉，表示「今天已經有其他安排了，所以無法完成」、「我認為沒有辦法在這個時間內完成這樣的工作量」等等。因為他們沒有完美主義，所以認為「有時候也會無法達成主管的要求」。

如果是接下了工作，但來不及在時間內完成的情況，他們會聚焦於「已完成的部分」，認為「雖然是突然指派的急件，但已經完成到一個程度了」。換句話說，「可應付感」強的人沒有完美主義，所以會將關注點放在「事情順利解決的經驗」、「已完成的部分」或「最後總算順利解決的事情」上。

可應付感強的人、較容易產生「總會有辦法」感的人，會將許多事情視為「最後總算順利解決」的成功體驗，因此隨著經驗累積，就會愈來愈容易產生「總會有辦法」

感。

所說，作為其中一種首尾一貫感的可應付感，可以藉由在適度的負荷下累積「成功體驗」來培養。

而形成「成功體驗」的基礎，即是聚焦於事情順利解決的經驗、已完成的部分或最後總算順利解決的事情，這種積極的思考方式及看事情的角度。

如果能透過本書，將養成這種積極思考方式及看事情角度的訣竅傳授給大家，那就再好不過了。

另外，為了讓自己產生「總會有辦法」感，學會借助他人之力，或是運用知識、金錢、地位等資源也是非常重要的。

要產生「總會有辦法」、「自己能找到辦法解決事情」的感覺，不用一個人單打獨鬥。可以向同事尋求協助、請主管幫忙，花錢了事、利用地位的力量解決問題也無妨。只要能運用自己擁有的各種「資源」，讓自己覺得「總會有辦法」就好了。

接下來，為了讓各位開始產生「總會有辦法」感，會介紹首尾一貫感的三個感覺的基本知識，同時告訴各位該如何思考、如何看待事情、如何改變面對他人及與他人相處的方式，還有如何運用自己所擁有的「資源」（人脈、智慧、金錢、權力、地位等）。

第2章

增強可理解感的課程

大致上理解

可理解感就是「大致上理解」、「在預料之內」的感覺

在提高首尾一貫感這件事情上，最重要的人生經驗是什麼？

有一種能力可以幫助我們妥善應對在人生各種場面遭遇的壓力，那就是首尾一貫感。首尾一貫感並非與生俱來的能力，而是在成長過程中、後天獲得的能力，因此可以藉由自己的努力來增強。

從第二章開始，要為各位**上一堂增強首尾一貫感的課程**。

關於增強首尾一貫感最重要的事，提倡者安東諾夫斯基博士是這麼說的。

「第一個是，如同普世皆同的價值觀、規則或習慣的經驗般具有一致性，且容易

感受到該一致性的人生經驗；第二個是，承受不會太大也不會太小、平衡良好的適度負荷的人生經驗；第三個是，某件事情獲得了正面的結果，而自己也曾參與其中的人生經驗。這些人生經驗依照順序，大致上分別對於形成可理解感、可應付感、有意義感有所助益，這應該很容易理解。」（《壓力應對能力SOC（暫譯）》山崎喜比古、戶里泰典、坂野純子編／有信堂高文社）

以下用更淺顯易懂的方式具體說明構成首尾一貫感的三個感覺。

可理解感：建立於大家互相理解的價值觀及明文化的規則之基礎上的人生經驗、具有一致性、統一性的人生經驗。

例如：在「達到這個成果就可以升遷」這種明文化的規則之下工作。

可應付感：承受不會太大也不會太小、平衡良好的適度負荷的人生經驗。

例如：像是考取難度稍高的證照等等，進行只要付出努力就能跨越的挑戰。

有意義感：某件事情獲得好結果或眾人期望的結果，而自己也有參與其中的人生經驗。

例如：團隊企劃獲獎，而自己也有參與這個企劃。

累積這些人生經驗，將有助於提高首尾一貫感的三個感覺：可理解感、可應付感、有意義感。

首先，就從本章主題「可理解感」開始看下去吧！

因為知道部長在想什麼，所以很好做事～
我彙整好資料了。
喔～！
我正想要請妳彙整呢！

在某種程度上可理解、可預測的感覺

所謂的可理解感（Sense of Comprehensibility），可以說是：

「認為發生在自己周遭的事件大致上都『在預料之內』的感覺，對於自己所處的狀況具有一定程度的理解，可以預測接下來的發展，並能概略性地說明該事件是一個怎麼樣的事件的感覺。」

簡而言之，就是**對於現在發生在自己身上的事「大致上理解」的感覺。也可以說成「可想而知」、「在預料之中」的感覺**。

舉例來說，如果在同一位主管底下工作好幾年，就會逐漸知道做哪些事會獲得讚賞、怎麼樣會被警告等等。此時若具有「我大致上知道作為一個下屬該如何行動」的感覺，就算是處於可理解感強的狀態。

另一方面，遇到未曾體驗過的事情（或經歷次數較少的事情）、與初次見面的人進行溝通的時候，就很難預測接下來會發生什麼事、會有什麼發展，對吧？例如，因為職務調動而來到全新職場環境，或是第一次一個人到國外出差。

我想應該很少會有人面對這種狀況時，只覺得滿心期待而毫無不安或緊張的情緒，不過，如果會感受到超過必要程度的不安，就代表處在可理解感較弱的狀況。

增強可理解感的重點

規則、規律、價值觀明確的環境

據說**要增強可理解感，在規則、規律、價值觀、責任歸屬明確的地方累積的經驗非常重要**。例如，考到幾分就可以就讀什麼等級的學校、拿出什麼程度的結果能得到好評，這些都經過量化、明文化，且客觀上能夠理解的環境。

處在這種環境，就很容易預測自己該努力到什麼程度（容易建立目標），有助於增強可理解感。

相反地，當主管換人時，如果新上任的主管是朝令夕改、方針或評價標準沒有一致性的人，就算是具有一定程度可理解感的人，可理解感也會因此降低。

稍微拓寬視野

具備寬廣的視野，也有助於增強可理解感。

假設前輩明明說了：「有什麼不懂的隨時來問我。」態度卻陰晴不定，一下子說：「那種事不會自己動腦思考嗎？」一下子又責怪：「為什麼不來問我？」是個心情和行為難以捉摸，相當難搞的工作夥伴。

遇到這種前輩時，後輩「被喜怒無常的前輩耍得團團轉」的狀況時有所聞。這時候，後輩會因為前輩不穩定的態度而失去可理解感，暫時陷入高壓的狀態。

另一方面，也有些後輩抱持著「這種前輩世界上多的是」這種認知。抱持這種認知的人會覺得「這是常有的事、這是預料之內的事」，因此心態從容，面對前輩時也不會感受到太多的壓力。

這種視野稍微寬廣一點的人「更能夠預料未來發展」，所以不會被眼前的事情要得團團轉，可理解感也較強。

可理解感是「發生在自己周遭的事大致上都在預料之內」的感覺。所以可理解感弱就代表自己沒有掌握周遭的狀況和對未來的預測。

因此，**感到不安的時候，思考「自己沒有掌握到的事情是什麼」也能增強可理解感。**

接下來，將會介紹具體方法，告訴各位該怎麼做才能增強可理解感。

如何增強可理解感？

- 在規則、規律、價值觀、責任歸屬明確的地方累積經驗
- 稍微拓寬視野
- 感到不安的時候，思考「自己沒有掌握到的事情是什麼」

例

大致了解「作為一個下屬該如何行動」、在某種程度上行動算是可掌握的主管底下工作。

在考到幾分就能就讀什麼等級的學校、拿出什麼程度的結果能得到讚賞等評價標準都有經過量化、明文化，且客觀上能夠理解的環境中工作。

Lesson 了解自己所處環境的慣例或規則

調查工作規則和績效考核標準

我們所處的社會並非全都是「容易預測」的環境，有可能會遇到不斷改變方針的老闆，或因為主管的一念之間而大幅變動的工作內容，或因為自己只是非正規的約聘員工，所以工作內容或薪資不固定。

如果在這種難以預測的狀況中感到有壓力，該怎麼做才好呢？

首先，最重要的就是**調查自己所屬的群體中有著什麼樣的慣例或規則，並試著掌握它。**

大家有調查過自己所在的職場中有著什麼樣的文化或規則嗎？比如說，職場應該都會訂定工作規則、績效考核標準或服務守則等等。

出社會之後，大家應該都會在新進員工教育訓練之類的場合聽到關於工作規則的說明，或是得知如何閱覽工作規則吧？但是，除了特殊情況（請病假、考慮從事副業）以外，幾乎所有人都不會記得工作規則的存在。

此外，應該有不少人會在意績效考核標準吧？只要掌握公司採用什麼樣的績效考核標準、哪些人得到了好評，就可以知道自己平時要注意哪些事。

調查好工作規格和績效考核標準之後，就試著把它寫出來，建議將其中最好要隨時留意的事項圈起來，至少把重點銘記在心。

在思考該採用何種工作方式時，相信這會是幫助你「預料未來」、「預測事情發展」的一大助力。

不清楚的話就問人，這一點也很重要

我想應該也有人會遇到不清楚主管的績效考核標準，或公司的判斷方法很模糊的情況。遇到這種情況時，仔細詢問主管或人事部等了解考核標準和判斷方式的人也是很重要的。

可以直接問主管：「如果有標準，可以請您具體告訴我嗎？」若是不方便問主管，也可以向公司裡的同事或前輩等比較好開口的人詢問：「績效考核的重點是什麼」以確認情況。

不少可理解感較弱、對現狀感到苦惱的人，常常是因為沒有像這樣好好認識公司文化、確認規則。**藉由確認，可以在一定程度上了解自己公司的慣例、基準、規則，並感到「大致上理解」**。

只要在一定程度上了解公司的規則、基準，就能稍微減輕不安，更容易積極地訂立自己的行動方針。

呵
原來如此。
工作規則

Lesson

準備到還算可以理解、大致上能預測的程度

只要能預測，不安就會減少

一如往常的例行事務和第一次承接的重要工作，哪個更令人感到不安呢？當然是後者吧。雖然被交付了重要工作也會令人感到興奮，但面對第一次接觸、不熟悉的工作，無論是誰多少都會感到不安。

人會對於習慣的事物感到安心，並對未知的事物感到恐懼。

不過，**就算是面對未知的事物，只要能用自己的方式大致上掌握、可以概略地說明、預測得到後續發展，可理解感就不會降低，也不會感到太過恐懼。**

舉例來說，走在國外陌生的街道和走在國內陌生的街道，哪一種情況更令人感到安心呢？雖然兩者都是陌生的街道，但如果是在國內，我們能夠預測「國內治安還算不錯，迷路的話問人就好」，因此應該不會感到太過不安。

接近「大致上理解」

可理解感是一種對於自己遇到的問題是因何而起，以及今後會如何發展，「在某種程度上理解」或「有得到能夠接受的說明」的感覺。

因此，**「做好準備」有助於提高可理解感**。

如果未來的事情對我們來說是「未知」的，那就會令人感到恐懼。面對內容不明的事物，自然會感到恐懼，心中也會湧現一股難以名狀的不安。但即便是面對未知事物，只要能用自己的方式「弄懂其中的道理」、「大致上預測出未來發展」，就會萌生可理解感。

的。

為了「弄懂其中的道理」、「大致上預測出未來發展」，調查與準備是相當重要的。

要向第一次接觸的新客戶提案時，我們不知道事情會如何發展。但是對該客戶進行調查、確認自己過去的成功經驗、透過書籍或網路學習提案成功的人的案例，像這樣進行準備，不安的感覺就會逐漸消散，不是嗎？這是因為可理解感增強了。

請進行事前的調查與準備，直到自己覺得「大致上理解了」或「做到這個程度，應該就能順利過關吧」。這將有助於提升可理解感。

MiSSion

第一次提報

Lesson

具體想像未來「理想的自己」

試著想像一下幾年後的自己

大家在工作的時候會一邊想像幾年後的自己嗎？

有的人覺得每天要做的事情很多、職場人際關係令人痛苦又充滿壓力，有的人光是思考明天、後天的事情就耗盡全力了。但也有些人會把十年以後的自己放在心上。

而**這份「想像幾年後的自己」，或者更精確地說是「想像幾年後『理想的自己』」的想法，有助於增強可理解感。因為這能幫助我們在某種程度上預測「未來的自己」**。

那麼，要如何具體地想像「理想的自己」呢？

要想像幾年後的「理想的自己」呢？雖然沒有一個標準答案，但如果是「在現在所屬組織內的職涯願景」，我的建議是二到五年；若是「想要精通某項專業」的話，我則建議五到十年。

如果是「在現在的組織內」，就想像二到五年後的自己。

首先是「假設『理想的自己』只待在現在的組織（公司／團體）內的情況」。設想二到五年後「理想的自己」實現了哪些事，並試著用完成式的文體寫下來。

- 三年後，我在現在這個部門表現亮眼，成了管理四～五人團隊的領導者。
- 五年後，我在商品企劃部打造出目標客群為〇〇的熱賣商品。

為了達成這個目標，接下來請思考「我要在組織內的哪個部門累積哪些經驗」、

「我要建立哪些人脈」，並條列式地寫下來。然後也要思考每一條的「達成期限」和「具體方法」，一併寫下來。

寫的時候，別太執著於自己無法控制的事物（例如：人事異動等等），區分出可控的事物和不可控的事物，將焦點放在自己可控的事物（例如：向作為職涯模範的前輩討教／學習〇〇領域）就好。

在摸索具體方法的過程中，有時候會發現，過去認為無法控制的事變得可以掌控，或是達成目標（理想的自己）所需時間（期限）發生改變。就算改變也完全沒關係。藉由思考的過程，我們會逐漸看到真正的目標、找到與客觀事實折衷妥協的方法。

這種針對幾年後的自己，一邊留意具體期限等要素一邊思考的機會，應該有助於提升可理解感。

試著寫下幾年後的自己吧！

1. 首先，用「完成式的文體」寫下2 ～5 年後「理想的自己」。

例 五年後，我在商品企劃部打造出目標客群為〇〇的熱賣商品。

2. 為了成為 1 所寫的「理想的自己」，試著思考以下重點並用條列式寫下來。

- 我要在組織內的哪個部門累積哪些經驗
- 我要建立哪些人脈

3. 針對 2 列出的事項，寫下達成的「期限」和具體「方法」。

如果是「想要精通某項專業」，就想像五到十年後的自己

接著是「假設『理想的自己』想要精通某項專業的情況」。雖然情況會因「理想的自己」而異，但也可以檢討看看「五到十年後」的職涯規劃。如果「理想的自己」是研究學者或律師這種專業人士的話，會需要花上好幾年。

此外，狀況也會依當時自己所處的環境而異。如果要成為研究學者，就需要攻讀博士課程等等，或許會有一段時間沒有收入。如果有家人需要扶養，就必須思考其他方法。

我們必須隨時掌握自己的立場。

為了具體掌握「理想的自己」，並明確認知到自己的立場，建議畫一張像左頁一樣的圖。

首先，列出實現「理想的自己」的必要條件。所謂的條件，就是「技能」、「人脈」、「時間」、「金錢」等等。

針對達成目標的必要條件，用百分比呈現出「現在自己的程度在哪裡」

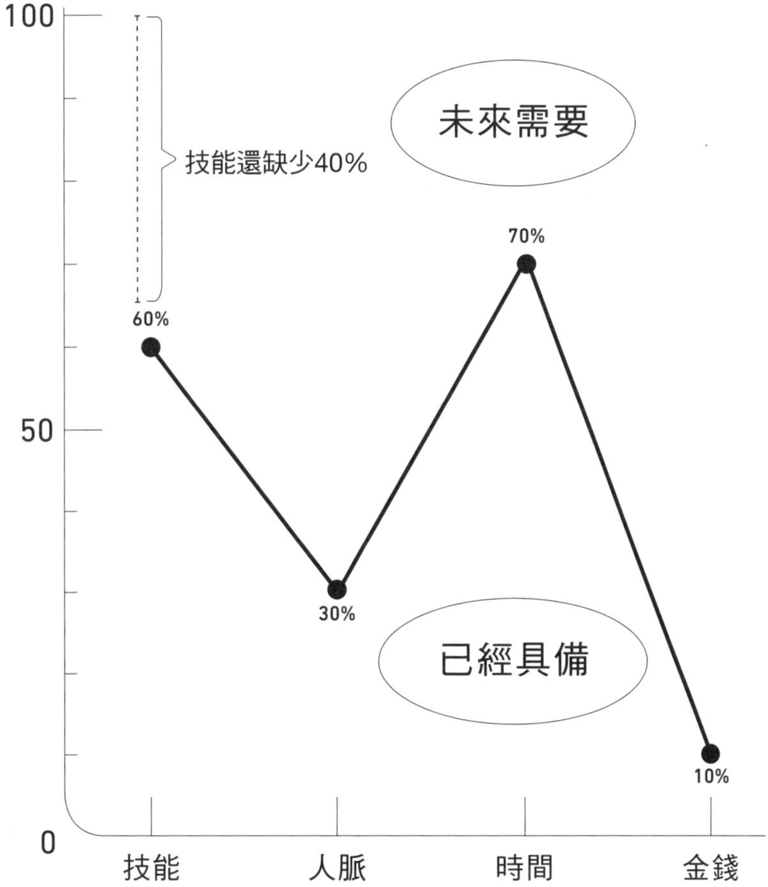

接著針對各項條件，用百分比（%）呈現出「現在自己的程度在哪裡」。如此一來，就可以掌握現狀，同時也能清楚知道還需要哪些東西、需要多少，才能在將來達成目標。

例：將「必要條件」設為100%，現在擁有60%左右的技能，那應該還需要40%。

像這樣把目標具體寫下來，就會更容易預測未來，有助於培養可理解感。

找一個模範角色

或許也有些人想像不出「理想的自己」。**這種時候，建議找一個「模範角色（role model）」**。

所謂的模範角色，一般是指在規畫職涯時作為參考範本的人物。將那個人當成目標並模仿他，對自己的職涯是有所助益的。

假設在忙碌的職場中，有一名女員工即將生產。該名女員工不知道休完育嬰假回到現在的部門時，自己能採用什麼樣的方式工作，於是感到不安，可理解感減弱。

不過，如果在職場中有人和該名女員工狀況相似，且順利兼顧家庭和工作的話，情況又會是如何呢？若是將那名兼顧家庭和工作的人當作角色模範，就能具體想像出該採用什麼樣的方式工作，因此可理解感會增強。

另外，不認識的人也可以成為模範角色。「這個人實現了我想做的事，他是怎麼辦到的呢？」如果在 YouTube 或社群平台上看到引起自己興趣的人，將對方當成模範也是個不錯的選擇。

Lesson

自由想像「死前想做的事」

寫下人生願望清單

如同上一篇說到的，也有些人想像不出自己的美好未來。

我詢問前來諮商的個案：「你能想像一年後、五年後的『自己』嗎？」有時候對方會回答：「我害怕去想像。」或「感覺還是會為了和現在一樣的事煩惱。」

也許是對自己的人生抱持半放棄態度的關係，大多數這樣回答的人，語氣聽起來都很自暴自棄。當內心充滿煩憂時，確實會連近在眼前的未來都看不清，處於可理解感微弱的狀態。

遇到這種情況時，我會改問：**「你在死前想要做（實現）哪些事呢？」**如此一來，本來自暴自棄的人，臉色也會稍微明亮起來。

「你在死前想要做哪些事？」這個問題，稱為「人生願望清單（bucket list）」，出自《一路玩到掛（The Bucket List）》這部電影。電影講述的是兩個被醫生宣告沒剩多少日子可活的男人，為了實現人生中尚未完成的願望而踏上旅途的故事。

我建議此時此刻已經筋疲力盡、無法想像自己美好未來的人，製作一份自己的「人生願望清單」，以增強可理解感。想像不久後的未來、想做的事等積極的事情，能讓人擺脫為了眼前的痛苦耗盡心神的狀態，用稍微縱觀一些的角度看待事情，幫心靈製造出一點餘裕。

在筆記本或日誌裡隨心所欲地寫下想做的事

製作人生願望清單時，不要去理會「自己做得到嗎」這股念頭，也不要考量金錢或時間，只要隨心所欲地將自己想做的事寫在筆記本或日誌上就好。

也可以使用手機的記事功能，不過我個人還是比較推薦手寫。因為據說親手寫字會使前額葉皮質活化，而前額葉皮質是肩負著「構思主意」、「思考」、「專注」等大腦重要功能的部位，能讓記憶更加深刻。

一般來說，製作人生願望清單時要列出自己死前想做的一百件事，但是也可以不用想到死前，先試著寫下十到二十件在退休前想完成的事就好。

雖然前面已經提過了，但還是要提醒各位，**不要去考量實現願望所需的金錢或時間，以及實現願望的可能性**。**還有，願望的規模大小不拘**。

從「來一趟歐洲城堡巡禮」或「去研究所做研究」這類感覺需要花費一些勞力的事，到「去最近新開的話題咖啡廳」這種只要花費少許時間就能輕易完成的事都可以，請隨心所欲地寫下自己的願望。

在自由思考的過程中，腦中就會更容易浮現關於自己未來的美好想像。

試著寫下「人生願望清單」

你在死前想要做（實現）哪些事呢？

（※ 不要去考量實現願望所需的金錢或時間，以及實現願望的可能性。願望的規模大小不拘。）

Lesson

要先弄清楚「自己擁有什麼價值觀和想法」

框架狹窄的人容易感到不安

先前已經談過，「準備」是一種相當重要的增強可理解感的方法（P.79）在增強可理解感方面，還有一件事與「準備」非常類似，那就是「了解自己」。說得更詳細一點，就是**要先了解「自己擁有什麼價值觀和想法」**。

人的「框架」（價值觀、想法、看待事情的方法）是透過直覺和過去的經驗形成的，而且人會用自己的框架去理解他人。

例如，你因為過去的經驗，對於說話很快的人抱有「個性急躁，自己不太擅長應付這種人」的想法（框架）。當你遇到說話很快的人時，就會先抱有不好的印象。明明深入談過之後有可能會發現彼此很聊得來，卻因為抱有不好的印象，抹煞了交到一個新朋友的可能性。

另外，在別人訊息回得較慢的時候，也有人會產生「對方只對我特別冷淡」、「因為我沒有存在感所以被忘記了」等負面的想法（框架）。「訊息回得慢」當然可能有各種原因。如果腦中馬上就浮現負面想法，就代表視野太狹隘了。

如果「框架」（價值觀、想法、看待事情的方法）狹窄，對於人事物的容許範圍也會變狹窄。

框架狹窄的人遇到不符合自己評價基準的人事物時，容易感到不安或不協調。一點一點地慢慢拓展框架，打開自己的眼界吧。

修正自己的思考習慣

首先，讓我們來想想看「自己容易有哪些價值觀或想法」吧。尤其是負面的價值觀、想法和看待事物的方法，如：不擅長應付的事、容易令自己感到消沉的事、容易令自己感到惱火的事、不情願的事、討厭的事等等。

- 覺得自己不擅長應付哪種人？
- 自己在什麼時候會感到消沉？
- 自己在什麼場面會感到惱火？

針對這些事試著自己想想看，具體來說在什麼時候會產生這些感覺。如此一來，就能了解自己的價值觀及想法傾向，或者白話一點的說法——雷點。簡而言之，就是「思考習慣」。

了解自己的負面思考習慣之後，就試著修正吧！

不過，這裡所說的「修正」，並不是要大家強迫自己改成正向思考或是勉強接受，而是「找出其他更有意義的看待事物方法或思考方式」。

比如說，可以用回答以下問題的形式進行修正。

「覺得自己不善長應付哪種人？」

回答範例：不擅長應付說話大聲的人（**不擅長應付的事**）

↓

「為什麼？」

回答範例：說話大聲的人多半很不識相（**負面思考的習慣**）

↓

「有沒有其他的價值觀、想法，或是看待事情的方法？」

回答範例：說話大聲可能只是為了讓大家聽清楚而已（**修正思考**）

「說話大聲」的原因不只有「不識相」，也有可能是「為了讓大家聽清楚」，像這樣試著重新思考現實的、有可能的原因。慢慢修正自己負面思考的習慣，就能減輕不擅長應付說話大聲的人的感覺。

而且，知道自己有負面思考的習慣並隨時留意，遇到相似狀況時就會注意到「這可能是我的思考習慣，試著用不一樣的思考方式、用不同角度看事情吧。」這麼一來，**不必要的負面反應就會減少**。

習慣負面思考的人一開始或許會覺得修正思考方式很困難，但是請盡量有意識地「用現實的方式看待事情」、「找出事情好的一面」，一步一腳印地努力看看吧！

若是學會這種全新的思考方式，當環境發生變化時，就不會再只關注「壞的一面」，能用現實的方式思考，有助於找出具體的解決方法。

找到自己能夠應付的事情，就能夠從做得來的事情開始執行。

Lesson

擺脫貼標籤和應該的想法

會說「我的個性容易吃虧」的人

要提高可理解感，就必須留意不要把「我的個性容易吃虧」、「我總是被人看不起」等話語掛在嘴邊，建構負面的自我形象並使其固化的「貼標籤思考」。

我在與抗壓性較低的個案進行諮商時，發現就算環境改變了，他們也很快就會心生不滿，並怨嘆「吃虧的只有我」、「又被人看不起了」，對新環境感到失望。

要是反覆這樣思考事情，就會無法想像美好的未來，難以理解發生在自己身上的事情，也看不清今後會如何發展。換句話說，就是無法冷靜地縱觀自己的狀況，難以培養可理解感。

此外，和「貼標籤思考」一樣，不要過度執著於應該怎樣才行、一定要怎樣、必須要怎樣這種應該思考。

比如說，要是過度執著於一定要守時、主管說的話一定要聽，就會難以接受不守時的人和因為某些原因而無法聽命行事的人。容易陷入獨斷且單方面的思考，導致視野變狹隘。

面對自己，捫心自問

試著面對自己，捫心自問心裡有沒有這種「貼標籤思考」和「應該思考」，這件事非常重要。

可以用回答以下問題的形式來思考。

Lesson

不要認定自己「運氣不好」

煩惱「總是抽到下下籤」的今井小姐

接下來將會以實際個案的諮商內容為基礎，從故事中告訴各位「增強可理解感的方法」（考量到隱私問題，個案的個人簡介和諮商內容已根據實際案例加以改編）。

進行諮商的時候，有些人會說「自己總是抽到下下籤」，怨嘆自己的運氣很差。這樣的人大概占了半數。

確實，在進行過多次諮商、傾聽了各式各樣的煩惱後，有時候我也會覺得那些充滿壓力的事情和運氣不無關係。

與自己所屬部門的主管合不來、負責的客戶是奧客、才剛調部門該部門就被裁撤了，這些情況似乎都與運氣有關。

然而，真的是「運氣問題」嗎？就讓我們透過今井小姐（假名／三十多歲女性）的案例來思考看看。

〈今井小姐的情況〉

我在日本讀完大學後前往國外留學，因此回國工作的時候已經超過二十五歲了。與同年紀的人相比社會經驗尚淺，再加上被分配到的部門無法發揮自己在留學時培養出的英語能力，所以上班時都感覺自己比不上同期進公司、年紀比自己小的同事。

也許是存在感很低的關係，部門（共七人）聚餐時，剩下我的啤酒還沒上，主管卻開口說：「既然都上齊了，就來乾杯吧！」在部門的聯繫群組裡，也總覺得只有我發的訊息常常被已讀不回。

還有，本來應該大家輪流負責的會議記錄簿，也理所當然似地變成每次都由我負責。

直到最近，我終於調到感覺能發揮留學經驗的商品企劃部海外部門，本來幹勁滿滿，但是我在那裡也沒有展現出存在感。

企劃部是兩人一組來推進新企畫，而我與一名像是大家的開心果、存在感很強的前輩（三十多歲女性）成了搭檔。一開始我以為她是個熱心傾聽我的意見的好前輩。

然而，只要我把自己構思的企劃告訴她，她就會說「交給我」，然後過一陣子那份企劃就被稍微修改，當成主要由她構思的企劃在會議上提出。每當主管誇獎前輩「這個企劃感覺可行」，我的心情就很複雜，可是卻無法說什麼。另一方面，前輩還會擺出勝利姿勢看向我，我不清楚前輩是否懷有惡意，但我總是感到煩躁不已。

總覺得自己不管去到哪裡都很不起眼，還總是抽到下下籤。

今井小姐現在的狀態，就是即使環境改變，也會立刻看到不滿之處，然後怨嘆

「自己總是抽到下下籤」。這正是先前在 P.99 提過的「貼標籤思考」。

要是一直這樣思考，就會構成「總是會抽到下下籤」之類的負面自我形象並固化，令人失望的事情也會愈來愈多。愈來愈難以想像美好的未來，也難以培養可理解感。

說到底，運氣是好是壞，會因個人的定義或衡量基準而異，無法一概而論。可以說「運氣等於不確定、無法預料」，與容易培養出可理解感的「可預測」、「可想像」環境正好相反。

而且，一旦認定自己「運氣不好」，就不會去掌握實際狀況、重新審視並分析自己身處的環境，嘗試去理解甚至改變。如此一來，就算有好事發生，也會往壞的方向解釋，因此變得對不好的部分（遇到難以應付的前輩）特別敏感，對好的部分（去了自己想去的部門）感覺遲鈍。

確實，被分配到有討厭前輩的部門是「運氣不好」，但也有「運氣好」的一面，那就是她去了自己想去的部門。

任何事情都有好的一面和壞的一面。但是，如果思考只聚焦於「運氣不好」的一面，就代表你已經被負面思考控制了。要是持續下去，最後有可能會給自己貼上「運氣差」之類的負面標籤。

首先，注意到這一點是最重要的。接下來，就是要試著找出對自己來說好的一面。不要再聚焦於壞的一面，去找出好的一面。就像這樣修正自己看待事情的方式，去看看事情好的一面吧！

捨棄「應該思考」

今井小姐被自己設定的「一定要」規則綁住，似乎有著「自己是後輩，所以不可以對前輩有意見」、「年紀比較小的我應該要忍氣吞聲」等「應該思考」。

要是一直持續這種會限縮視野的思考模式，有一天它會成為習慣，根植在自己的內心。修正這種思考習慣的方法，就是摸索其他的思考方式和看待事物的方式。

（P.100）

此外，也可以像P.83一樣想像「理想的自己」，思考二到五年後「自己想要在這間公司有什麼樣的發展」。當視野開闊了，就可以稍微跳脫出被眼前事物困住的思考模式。

第3章

總會有辦法

增強可應付感的課程

可應付感就是「總會有辦法」、「總能夠做到」的感覺

運用「資源」跨越難關

在第三章，要來談談「可應付感（Sense of Manageability）」。**這是一種「總會有辦法」、「自己總能夠做到」的感覺，也是本書的核心主題。**

我在諮商的過程中發現，容易受到打擊、陷入負面思考、處在高壓狀況下的人，這種感覺都比較弱。

更準確地說，「總會有辦法感」是：

「認為自己能夠處理遭遇到的壓力或障礙的確信感。」

「就算遇到問題或發生糾紛，也認為能夠靠自己或借助身邊的資源來解決事情的自信。」

之所以能夠覺得「總會有辦法」、「可以度過的」、「可以解決」，是因為**手上擁有解決問題所需的「資源」**。

「資源」包含人脈、知識、經驗、金錢、權力、地位等。擁有這些「資源」固然相當重要，但更加關鍵的是要在適當的時機運用。

夥伴和武器很重要

我在說明這個「資源」的時候，經常用到**「夥伴與武器」**這兩個詞。夥伴就是人脈，換言之，就是人與人的關係。

在工作上陷入危機時，如果身邊有可以發一封信詢問「我現在遇到困難，關於這件事你知道些什麼嗎？」的工作夥伴，或是當自己提出問題時，願意一起想辦法的主管，就會讓人覺得「總會有辦法」。

另一方面，如果你任職的公司是黑心企業，沒有能求助的對象，主管也只丟出一句「自己想辦法」，應該就很難覺得「總會有辦法」，只會滿心想著「我該怎麼辦才好」、「真是受夠了……」。

提到「武器」，就會想到**知識**、**經驗**、**金錢**、**權力**、**地位**等等。

以**「金錢」**為例。在自己負責的企劃中，下屬犯了大錯，造成金錢損失的時候，如果該企劃只有勉強夠用的低預算，就容易陷入「錢不夠用，怎麼辦」的狀態。另一方面，如果自己得到的預算（金錢）較多，就會覺得「這種程度的失誤還有辦法解決」。

「權力」和**「地位」**也是同樣道理。只要擁有權力或地位，就算出了點意外狀況或問題，應該也會覺得「總會有辦法」、「不成問題」吧？

這兩個東西
很重要!!
武器
夥伴
同期

有奧客在窗口對著工讀生不講理地抱怨時，如果自己是部長，就會覺得總會有辦法處理。有了「權力」（此處指的是權限）和「地位」，能處理的範圍就會擴大。

運用權力與地位來讓自己覺得「可以解決」、「總會有辦法」，也是一種可應付感。

從經驗中學習的重要性

此外，**「經驗」**與**「知識」**也會大幅影響一個人是否能產生「總會有辦法」感。這一點和「可理解感」有連帶關係。

若能夠根據經驗和智慧，在某種程度上理解狀況、預測未來的發展（可理解感），就容易連帶產生「總會有辦法」的可應付感。

舉個例子，假設有一名員工被推出去面對許多麻煩客戶。出社會第三年並且還不習慣面對這種場面的員工，與主持各種場面、談判經驗豐富且不斷從失敗中學習、在公司有十五年資歷的員工，兩者之中誰會覺得「總會有辦法」呢？

當然是後者。這是因為經驗昇華成智慧並累積下來，成為自己的力量了。

基於這些經驗而認為「總會有辦法」的確信感，就是所謂的「可應付感」。累積了各式各樣的經驗並將那些經驗變成自己的智慧的人，會覺得「根據過往的經驗，事情總會有辦法解決」，保持穩定的心態。

「知識」當然可以從經驗中獲得，但也可以透過聽人分享或讀書來**「學習」**。

舉個例子，假設你遇到了詐騙。這種時候，如果以前曾經聽別人說過類似的情況，或是藉由讀書而具備相關知識，應該就能夠游刃有餘地應對。一開始應該採取什麼行動、應該找誰商量，這些事情你大致上心裡有譜，因此就會覺得「總會有辦法」。

增強可應付感的重點

程度適中的負荷

該怎麼做才能增強「可應付感」呢？安東諾夫斯基博士提出了一種能增強可應付感的「優質人生經驗」，那就是**「在過小負荷與過大負荷之間，取得良好平衡的經驗」**。

「負荷過小」是指「心理上幾乎沒有負擔，感受不到壓力的狀況」。

「負荷過大」則是指「承受過度負荷的狀況」，比如說被指派了超過自己能力的工作量或困難的工作。

換言之，「在負荷過小與負荷過大之間，取得良好平衡的經驗」指的就是**承受好好努力就能跨越、程度適中的壓力的經驗**。

通常我們會覺得完全沒有壓力的狀態是最好的，但為了增強可應付感，最好還是要承受適度的負荷或壓力。

有一個知名的職場壓力模式叫做「工作要求——工作控制模式（Job Demand-Control Model）」（參照P.119下圖）。

此模式顯示，當「工作要求」（主管對你產出的工作量與品質抱有期待）和「工作控制」（為了完成主管期待而被賦予必要的決策權）兩者皆維持在高水準，才能同時保持工作動力並拿出亮眼表現。

在這個狀態下逐一完成工作，就能累積優質的人生經驗，即便下次面對難度更高的工作，也會覺得「總會有辦法」，變得能夠應付更重要的工作、更困難的事件。

換句話說，**面對適度的課題並成功解決所形成的「成功體驗」，與可應付感的提升大有關係**。

由此可知，要是面對壓力過大、難以承擔的工作，最後以失敗作收的話，對於可應付感的培養是沒什麼幫助的。

正因為有過「總會有辦法」的經驗，下次遇到困難時才會覺得「總會有辦法」。

另一方面，順利完成「下午三點前影印好一百份資料」這種幾乎沒有壓力的工作，也很難培養出可應付感。

承接壓力程度適中的工作，並順利完成，才能培養出可應付感。

從「順利完成的體驗」中培養

「成功體驗」可以是在別人的幫助之下獲得的結果。無論是在講座中學習到的模擬體驗，或別人告訴自己的事情都可以。

如何增強可應付感？

- 藉由「在負荷過小與負荷過大之間取得良好平衡的經驗」來增強
- 成功解決適度課題時所獲得的「成功體驗」非常重要

如果用「工作要求－工作控制模式」（下圖）來說明，
就是要透過「主動」的工作來提高

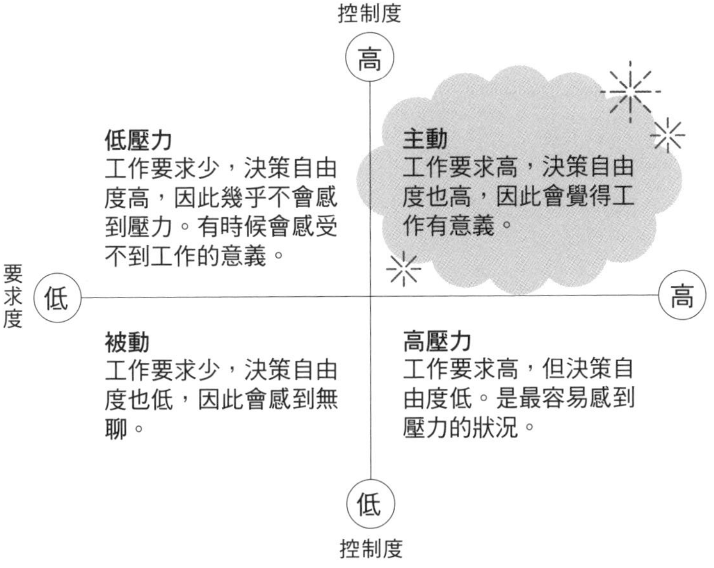

控制度
高
低壓力
工作要求少，決策自由度高，因此幾乎不會感到壓力。有時候會感受不到工作的意義。
主動
工作要求高，決策自由度也高，因此會覺得工作有意義。
要求度
低
高
要求度
被動
工作要求少，決策自由度也低，因此會感到無聊。
高壓力
工作要求高，但決策自由度低。是最容易感到壓力的狀況。
低
控制度

舉個例子，員工Ｋ一個人攬下太多工作，事情做不完，因而陷入恐慌，不知該如何是好。

當主管問他：「那個案子的截止日是今天，對吧？處理得怎麼樣了？」Ｋ回答：「其實大部分都還沒弄好……」然後便哭了起來。

這時主管說道：「這樣啊，那讓大家一起來幫忙完成吧。」把工作分派給其他員工，並將截止期限往後延了幾天，俐落地指揮大家。

幾天後，在同事和前輩的幫忙下，案子終於順利完成了。雖然Ｋ自己一個人無法完成工作，給大家添了麻煩，但最後靠著大家順利完成，也是一種「成功體驗」、「順利完成的經驗」。

後來Ｋ逐漸學會「及早向他人求助」、「有不懂的事就要問」、「必要的時候要借助主管的力量」。

從這樣的經驗中，也可以培養出「只要這麼做，下次也能成功」的「總會有辦法」感。

Lesson 借助他人之力累積成功體驗

依靠他人得到的成功體驗也是有用的

藉由解決難度適中的課題而獲得的「成功體驗」，有助於培養可應付感。

不過，如果想要靠自己一個人累積成功體驗，應該很容易遇到困難。這種時候，**就要特別注重資源之一的「人脈」，也就是「人」以及「人際關係」**。

有不少難以產生「總會有辦法」感的人，都不擅長「依賴他人」、「尋求他人的幫助」。

就算是借助他人的力量也好，只要累積「最後總算解決了」的成功體驗，就會更

容易產生「總會有辦法」感。

小時候，當自己能夠在父母的輔助之下騎腳踏車的時候，心裡是不是也會湧現一種彷彿自己學會騎腳踏車的心情呢？

同理，**運用「他人的幫助」、「人際關係」、「人脈」等資源也是相當重要的**。

設定「找人商量」的界限

來找我諮商的個案經常會說：「我身邊沒有可以商量這些事的人……」雖然狀況依諮商內容而異，但「不想和任何人商量」和「沒有可以商量的人」這兩種狀況有著明確的區別。

如果是「不想和任何人商量」，我想應該是有某些難言之隱，不過我建議設一個「在某個範圍內可以找人商量」的界限，試著找個感覺可以談的人商量一部分的事情。

畢竟沒有人規定「要商量的話就必須得全部說出來」，光是說出一部分的事情，內心就會輕鬆一點，或對解決事情有所幫助。

此外，各位也許會感到很意外，但**有一些可應付感過高的人會「不想與任何人商量」**。繼續深入詢問箇中原由，發現有些人是莫名地不信任他人，有些人則是不習慣依靠別人。這種情況可能較**常見於可應付感的資源之中的「知識」、「經驗」、「地位」等自身能力很強，但「人脈」較少的人身上**。

另一方面，「沒有可以商量的人」的情況，究竟是物理性的「實際上不存在」呢？還是「沒有適合的對象」？抑或是「立場上不方便」？可能有各式各樣的原因。

如果是「實際上不存在」，那或許無計可施，但如果是「沒有適合的對象」或「立場上不方便」等等，也許可以捫心自問：「真的沒有適合商量的對象嗎」、「立場上真的不方便嗎」重新審視自己的周遭，再找找看有沒有可以商量的人。

然而，我覺得因為拉不下臉而無法找人商量事情的人，通常都有著「應該靠自己解決」的「應該思考」。

第二章也提過，過度受制於「應該思考」是很容易吃虧的。要是你之前一直抱有「應該」的想法，可以捫心自問：「真的應該要全靠自己一個人解決嗎？」慢慢地拿掉「應該」的想法。

話雖如此，我覺得懷著各式各樣的煩惱來找我們這種專業諮商師諮商的人，可應付感並沒有那麼低。

因為這表示他們擁有諮商師這項資源。

從芝麻小事開始找人商量看看

即便可應付感很低，但若是在找人商量的過程中，找到了解決問題的線索而最後事情順利解決，這也會成為你的成功體驗。

就算很難馬上解決，但若是獲得新的思考方式且這些東西成了你的「知識」資

「麻煩您幫我確認！」
「好啊～」
今天也成功找人商量事情了！
成功
成功
成功
收集成功體驗！

源，可應付感應該也會逐漸增強。

不擅長找人商量的人，會失去透過這種方式獲取資源的機會。

也有必要提升向他人求助的能力。

為了提升這項能力，第一步就是要對「自己不擅長找人商量」、「自己不太懂得依賴別人」這件事有所自覺。下一步，不妨試著累積找他人商量芝麻小事的經驗。例如，向美食家同事詢問：「這附近有沒有什麼好吃的餐廳？」或問旁邊的人：「明天天氣如何？」這種像閒聊般輕鬆隨意的對話也是可以的，之後再慢慢提高難度就好。

接下來，不妨試著詢問很懂電腦的同事：「你知道這個怎麼弄嗎？」或問別人：「我不太知道該怎麼與這個客戶應對，如果是你會怎麼做？」等等，逐漸拓展商量的範疇。

Lesson

閱讀和自己狀況類似的人的書籍

透過假想體驗增加成功體驗

除了上一節提到的「借助他人之力增加成功體驗」之外，還有其他增加成功體驗的方法。

那就是「閱讀和自己狀況類似的人的書籍」。這是一種透過假想體驗來增加成功體驗的方法。

這個方法不僅有助於增強可應付感，也能增強可理解感。

煩惱自己對新的工作不上手、對人際關係感到苦惱……只要出社會工作，就會碰到各式各樣的困難。從可理解感的觀點來看，我認為人之所以會抱有這些「煩惱」，是因為「找不到解決煩惱的線索（＝無法理解狀況）」或是「只能想像出不好的結果（＝無法預料）」。

而從可應付感的觀點來看，則是「找不到解決問題所需的資源（武器或夥伴）」。遇到這種情況，當然可以向人求助，但也會有不想讓任何人知道的時候吧。我想也有人會覺得找諮商師或律師等專家諮詢的費用負擔太重。

因此我推薦各位**「閱讀」和自己狀況類似的人的書籍**。尋找「和自己狀況類似的人的書籍」的關鍵，就是「著眼於書籍的內容」。

寫出與自己的煩惱相關的關鍵字

在找書之前，可以先寫出與自己的煩惱相關的關鍵字，並排出優先順序。

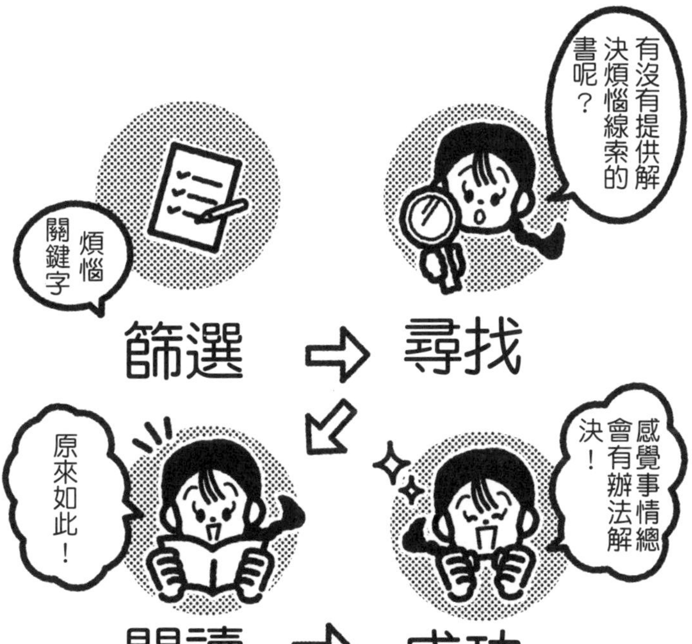
煩惱關鍵字
篩選
尋找
有沒有提供解決煩惱線索的書呢？
原來如此！
閱讀
成功
感覺事情總會有辦法解決！

舉例來說，如果你正在為了應付主管而煩惱，關鍵字就是「職場人際關係」、「討人厭主管」、「騷擾」等等。列好了關鍵字之後再去書店，挑選幾本封面或目錄中含有該關鍵字的書籍，再購買感覺適合自己的書籍回去。

在網路上搜尋關鍵字應該也很容易找到。從搜尋結果列出的書籍之中，選擇內容包含與自己類似主題的書籍。

接著，再以面對與自己類似狀況而最後獲得成功的方法或思考方式為中心閱讀。如果可能的話，下一步可以試著套用在自己的職場，在腦內模擬書中的內容。如此一來，**就算不是自己的親身體驗，也可以從狀況類似的人的成功體驗中學習，逐步醞釀出「總會有辦法吧」的感覺**。

Lesson

寫下屬於自己的「成功日記」

將小小的成功體驗可視化

透過解決適度課題而獲得的「成功體驗」有助於提升可應付感，但有些人會說：「我根本沒有什麼成功體驗」或「凡事都不順利……」

遇到這種情況，該怎麼做才好呢？

即便是覺得「我根本沒有什麼成功體驗」或「凡事都不順利」的人，也可以冷靜下來重新審視自己的日常生活，應該多少會有一些稱得上「成功體驗」的事情。

・和剛進公司的新人第一次說話。
・煎蛋煎得比平常還要好。
・問了懂電腦的人，順利解決了電腦的問題。
・幫遭到客訴的同事解圍，最後順利排除狀況。

仔細想想就會發現，其實自己也有「順利完成」和「最後總算解決」的成功體驗。
請試著將這些事情記錄下來，寫成「成功日記」。

只要簡單筆記一下就行了

也許有人聽到「日記」二字，就覺得「好像很麻煩」。不過，其實只要在睡前簡單筆記一下就行了。先試著持續一週看看吧。
「成功日記」最簡單的寫法請參考左頁。

試著寫「成功日記」吧！

日期	今天自己有哪些順利成功的行動？
10/23	和剛進公司的新人第一次說話。
10/24	煎蛋煎得比平常還要好。
10/25	問了懂電腦的人，順利解決了電腦的問題。
10/26	想不到……
10/27	幫遭到客訴的同事解圍，最後順利排除狀況。
10/28	早上神清氣爽地醒來。 有好好運動。
10/29	午餐吃了一間很好吃的店。

順帶一提，在睡前回想成功時的心情，還有幫助提升睡眠品質這項好處。

就像這樣，試著在一天結束時回想「今天自己有哪些順利成功的行動？」並寫下來吧。

「順利解決」和「成功」的定義因人而異，但如果漫不經心地過日子，有可能會沒注意到自己所擁有的成功經歷。要是沮喪失意，想法會變得消極，可能會更難去察覺到好事的發生。

想不到有什麼好事的日子，不用硬逼自己寫日記沒關係。遇到這種日子，建議看一看至今為止記錄下來的成功行動，如果發現「啊，原來當時是這樣成功的啊」，不妨試著採取相同的行動看看。透過這樣的嘗試，也許能累積更多成功的經驗。

Lesson

儲備一些自己的獨門減壓方式

內心充滿壓力的時候該做些什麼？

雖然增強「總會有辦法感」相當重要，但也有時候會覺得「我想先解決此時此刻的壓力！」。

可怕的主管指派了討厭的工作給自己、責任重大的工作進展不順利、討厭的人對自己說了毫無常識又過分的話等等，只要在工作，就很容易累積壓力。

你有沒有當自己感到「壓力山大」的時候經常採取的解壓行動呢？例如下列行動。

・案子接近截止期限，連續加班的時候，就到便利商店買甜點吃。
・辦公室氣氛不好的時候，就跑去休息室。
・在工作上遇到不講理的客訴，回家後泡個澡轉換心情。

人只要將發生在自己身上的事情認定為「應激源（形成壓力的要因）」，就會採取相應的「因應策略（為了排解壓力而採取的行動）」。如左所示。

・加班（應激源）
↓到便利商店買甜點（因應策略）
・氣氛不好（應激源）
↓去休息室（因應策略）
・不講理的客訴（應激源）
↓回家泡澡轉換心情（因應策略）

只要因應策略成功，壓力反應（因壓力而引起的身心反應或行動）就會獲得改善。另一方面，如果這個過程不順利，就有可能會引起慢性壓力反應。

不妨事先掌握「面對某個應激源時，某個因應策略在自己身上奏效了」這類成功體驗。

如果可以針對自己身上的應激源，彈性地選擇適當的因應策略，就能夠活得輕鬆一點。即便處在高壓的狀況下也不會被壓垮，可以在某種程度上從容地行動。

由此可知，**面對壓力時的自我監控是很重要的**。

換句話說，就是能夠掌握「自己現在承受著什麼程度的壓力」、「自己較常選擇哪一種因應策略」。

寫「因應策略日記」

自我監控的具體方法就是寫**「因應對策日記」**。在日記中，要寫出針對下列四個問題的回答。

1. 事件：你的壓力是什麼？

最近總是遇到不講理的客訴

2. 試著舉出幾個你想到的因應策略

- 去旅行
- 做點輕鬆的運動
- 吃好吃的東西

3. 從2之中選出現在可以立刻實行的因應策略

做點輕鬆的運動

4. 心情出現了什麼變化？

心情稍微舒暢一點了

就像這樣，試著寫出應激源與自己所採取的因應策略。持續寫這個日記，將會得到下列好處。

- 更了解自己，知道自己會對怎什麼樣的事感到有壓力、容易產生什麼樣的心情等等
- 知道自己平時經常採取什麼因應策略
- 知道什麼因應策略對自己特別有效

・因應策略的種類增加（＝應對各種事件的方法增加）

只要知道面對壓力時自己經常採取的因應策略，就能有意識地減少採取對身體不好的因應策略（例如肝指數已經過高了還喝酒等等）。

或是停止明明無效卻還是會下意識採取的因應策略，學會利用有效的因應策略來緩解壓力。

若能學會排解壓力，就會感到從容許多，而這份從容會讓人更容易產生「總會有辦法」感。

了解自己的解壓方法！

因應策略

Lesson

找一個能讓自己放心求助或請教的人

宛如安全基地的人

透過解決適度課題而獲得的成功體驗可以依靠「他人」來實現，但不擅長依賴他人、不擅長向他人求助的人並不少，那就是抱持「不擅長處理人際關係」、「無法輕易向人尋求幫助」、「請教別人有可能會被人看扁」等想法的人。

可是，如果無法建立良好的「人際關係」，就很難提升可應付感。

因此，我在諮商或演講的時候，會說明身邊有個宛如安全基地、能讓自己放心求助或請教的人存在的重要性。

所謂的「安全基地」，顧名思義，就是「能打從心底感到安心的地方」，也可以想像成是可以展現真實的自己而不會感到危險的地方，或是在遭遇危險時守護自己的歸屬之地（心靈的歸屬）。

在我們長大成人後，可稱作安全基地的地方，就是能夠進行彼此同理的優質交流的地方。

要怎麼做才能打造出這樣的地方呢？我認為第一步是「即便在優質的溝通之中，也要特別注重傾聽」。

在諮商師的講習上，會訓練各式各樣的技法（因資格的種類而異），但是在此之前，我們要不斷練習「積極傾聽」。

「積極傾聽」指的是「不帶有自己的價值觀去傾聽他人說話的態度」。在能彼此同理的優質交流中，積極傾聽是非常重要的一環。

留意積極傾聽

積極傾聽的要點如下。

- 不要對說話者所說的話下「好或壞」的評斷（這個評斷只不過是你自己的價值觀）
- 傾聽的同時，要思考該把焦點放在哪個部分（把焦點放在說話者的想法或心情上，當對方說出相關的詞語，就試著複述。例如，當對方說出「很痛苦」的時候，就複述「很痛苦吧」）
- 確認說話者和傾聽者的立場是否逆轉（可以給對方一些提示，但不要給建議，尤其是基於自身經驗的建議）
- 以深入挖掘內容為目標（詢問對方：「為什麼你會這麼想？」繼續往下挖掘）

有意識地去留意這些積極傾聽的要點，傾聽的能力就會逐漸提升，也能加深自己對說話者的理解。

為了彼此同理，最重要的第一件事就是理解對方。當你理解對方，能感同身受的事情變多，對方也會逐漸理解你，對你的事情感同身受。

像這樣彼此同理，就能建立優質的交流，結交到可以稱為「安全基地」的友人。如此一來，應該就能自然而然地向那個人求助或討教了。

這種人的存在，關係到覺得「總會有辦法」的可應付感。

Lesson

試著改變逃避的行動模式

因為害怕失敗而不去挑戰的類型

難以產生「總會有辦法」感的人，通常會用消極的方式看待或思考事情。久而久之，就會難以對未來產生正面想像，行動力低落。

例如，被主管要求去跑客戶衝業績，然而跑了好幾個客戶卻一個訂單也沒拿到的時候，這種人馬上就會受挫，覺得「自己果然很沒用」。要是用這種消極的方式看待事情，就會愈來愈常採取「逃避行動」，比如後續行動模式變消極之類的。

也就是「做不到↓自己很沒用↓無法信任自己↓不去挑戰（逃避）」這個思考流

程。

持續用這種方式思考，不斷採取逃避的行動模式，就會愈來愈難產生「總會有辦法」感。因為不去挑戰，就無法累積「總算順利完成」的成功體驗。

行動會改變想法

有一個能夠改變這種逃避行動模式的方法，叫做「行動療法」。

選擇逃避行動的背後原因是「可能又會失敗」、「如果做不到該怎麼辦」這種不安與恐懼的心理。因為感到不安或恐懼，所以不去挑戰，選擇逃避。

「逃避現實」是逃避行動的一種，可以暫時性地減輕不安感與恐懼感。但是，由於終究還是什麼問題都沒解決，所以長期下來不安感與恐懼感反而會增強，導致喪失自信。

要怎麼做才能停止逃避行動呢？**那就是「不要想太多之後的事，毅然決然地行動」。還有「先做再說」**。

以先前的例子來說，就算沒有拿到訂單，也不要消極思考，只要想著「今天狀況不好，也許明天會更順利」、「總之先去下一間公司看看吧」，先行動（挑戰）再說。

做業務這一行，經歷過無數次拒絕後就會漸漸習以為常，也會慢慢發現，被拒絕並不代表自己被否定。

在跑業務的過程中，若是好幾次裡面成功了一次，就能累積「總算成功了」的成功體驗。以結果而言，最初心中那股莫名的不安與恐懼，應該會在行動的過程中逐漸減少。

又失敗了……下一間公司大概也沒望吧……
總之先做再說！去下一間公司吧！
改變行動模式！！

Lesson

重視人際關係並從中學習

不擅長處理人際關係的高橋先生

接下來會用具體案例來說明增強「可應付感」的方法。讓我們一起透過高橋先生（假名／二十多歲男性）的案例來思考吧。

〈高橋先生的情況〉

在我小學低年級的時候，父母就離婚了，而我是由母親扶養長大的。我母親是一名護理師，我們母子倆住在外婆家附近，當母親值夜班的時候，我就會去外婆家，所以並不是孤零零一個人，但是父親不在身邊還是讓我感到寂寞。

我想，對母親來說，工作不穩定又愛賭博的父親大概不是個好丈夫吧，但是以前父親經常陪我玩，而且只有他會誇獎我。

為了不讓我因為沒有父親而過得不好，外公外婆和母親總是處處為我著想。為了讓我考進成績好的高中，母親拚命工作籌措補習班學費，外公外婆也為我準備食物、接送我到補習班。

外公外婆和母親最常掛在嘴邊的話就是：「你要好好念書，考上好學校，然後去大公司工作或當公務員，不要變得像你爸一樣。要力求上進，讓大家刮目相看。」

或許是理想或自尊心本來就高的關係，他們也對我抱有過度的期待，開口閉口都是要拿第一名、要考上知名高中。我很抗拒「不要變得像你爸一樣」這句話，每次聽到就會覺得難過。終於有一次我受不了，在母親和外公外婆面前袒護了父親，結果惹哭了母親，外公外婆也表現出不滿的態度。從此以後，我就一直扮演著他們三人心目中的「資優生」。

只要演出資優生的樣子，母親心情就會很好，而且會受到很多人的信任和誇讚，所以我並不排斥，甚至有點享受。

考高中時，我考上了一間讓他們感到非常驕傲的知名附屬高中，接著又直升大學，讀到畢業。然而我的求職過程並不順利，雖然後來進入了一間規模不算小的企業工作，但不知從何時起，我開始覺得這個資優生角色經常讓自己吃虧。

我為了享受大學生活而加入社團，但是因為總是接下活動負責人或會計等職務，在聚會上也不能放鬆。無論是讀書還是求職，我都比別人加倍努力，但辛苦得來的成果卻不如預期。總覺得其他人都可以適度地喘口氣休息，並在許多人的幫助下事半功倍地做事。

而我不擅長向父母或老師求助，更不用說朋友了，只有假裝沒事的能力高人一等。我的存在價值就是接下別人不想做的事，內心一直在害怕，自己一旦拒絕，就會失去存在價值。

出社會後我就一直待在現在這間公司，但社會上有很多不講理的事情。我和同期進公司的吉田先生（假名／男性）一直都一起在業務部工作，但聽說他下個月就要晉升為管理階層了。我無法打從心底為吉田先生的升遷而開心，又很厭惡這樣的自己。

我之所以沒辦法為他的升遷感到開心，是因為覺得自己明明有著更漂亮的大學學歷，工作也比較快上手，還幫了他很多忙……

而且我是靠自己的雙腳和頭腦開發客戶的，而擅長尋求幫助的吉田先生則不像我這麼辛苦，他是靠著主管和前輩幫他介紹客戶才得以提升業績的。我一直覺得自己的努力總有一天會獲得回報，所以才如此拚命，但是我莫名地沒自信也是不爭的事實。

至今為止，我傾聽過許多人的職場煩惱，很多人都像高橋先生一樣，在述說煩惱時會提到自己小時候（兒童期、青春期）的家庭環境，尤其是親子關係。

這表示，長大成人後遇到的難題，與成長過程大有關係。

關於自己與他人（包含親子）之間的關係，心理學上有一個重要概念叫「依附（attachment）」。

所謂的「依附」，主要是指嬰幼兒時期的孩子與父母（主要養育者）之間的心理連結。當嬰兒因為肚子餓而哭泣時，父母聽到哭聲，去解決嬰兒肚子餓的原因。藉由重複進行這種滿足需求的行為，嬰兒會了解到自己可以安心待在這個世界，與父母（主要養育者）建立起信賴關係。

在培養健全的人際關係方面，成長過程中與父母建立心理連結（依附）是相當重要的一環。藉著這種依附關係的建立，孩子會逐漸開始去挑戰外面的世界，學習與父母以外的人建立人際關係。

在培養首尾一貫感的層面，「依附」也是相當重要的。遭遇困難的時候，如果只要去找父母，父母就會幫忙解決並給予擁抱，讓孩子感到安心，孩子就能從「父母始終如一的愛與連結」之中，培養出「可理解感」（＝遇到緊急情況時，只要到這個人身邊就能安心）。

而這又有助於培養「可應付感」（陷入困境時這個人會來幫我）。

於是，首尾一貫感就會增強。

人際關係深深影響著一個人產生「總會有辦法」感的能力

以高橋先生的案例來看，應該是由於小時候在現實面和精神面都未能與父母建立健全的連結，所以也不知道該如何與他人建立連結。許多成長於缺乏愛的家庭或過度干涉的家庭的個案都有這種情況。

因為他們身處這種家庭環境的期間，錯失了與他人建立深度連結的機會。因此，他們會對與他人建立親密連結感到恐懼與不安，於是開始逃避建立親密關係，避免在人際關係中追求親密與愛，以取得心理平衡。

久而久之，就會培養出任何事都可以靠自己完成，不依賴他人，也不太會感到孤獨這個強項。相對地，採取這種生活方式，**會錯失作為可應付感（總會有辦法）基礎的其中一項資源——人際關係（人脈）以及透過人際關係獲得的重要資訊**。

若想要度過美好的人生，戀愛和結婚自不必說，在學校和職場生活中與他人建立親密關係也是相當重要的一環。當然，這也與產生「總會有辦法」感的能力——可應付感大有關係。

高橋先生的案例正是如此，即便比別人加倍努力讀書，取得成果（考上志願學校、拿到好成績、受到家長與老師的信賴等等），加強可應付感中的「知識」，也只有在以學業成績作為評價標準的時期，這些事情才會直接連結到「自信」。出了社會以後，愈來愈多事情不是用學業成績來衡量，一個人獨自努力有其極限。自然而然，產生「總會有辦法」感的能力就會變弱，覺得「應該有辦法解決」的範圍也會縮小。

另一方面，像吉田先生這種受到周遭人們愛護的人，通常會更快獲得提拔。**因為吉田先生擁有「總會有辦法」的根據，也就是人脈（夥伴）**。

例如，當主管要將大型企畫案指派給高橋先生或吉田先生的其中一人時，應該會選擇與能與周遭的人建立良好關係的吉田先生吧。因為一項大型企畫案的成功，需要仰賴許多人的協助。

像吉田先生這種懂得運用「人脈」這項資源的人，能夠在他人的幫助或教導之下掌握知識，被帶去各式各樣的場合累積經驗，增強可應付感。

可以說，吉田先生很容易產生基於人脈和經驗等資源的「總會有辦法」感，而高橋先生這種「與他人保持距離的人」則與吉田先生相反，主管可能比較不會想把工作指派給這類型的人。

如果這種狀況持續下去，不只是企劃案，高橋先生還會錯過許多獲得優質人生經驗的機會，難以把握住增強可應付感的契機。

在職場尋找宛如安全基地的人

像高橋先生這樣的人，該怎麼做才能增強可應付感呢？

像高橋先生一樣，孩提時代未能與父母建立親密關係的人，成長過程中缺少能讓自己的內心感到安全的地方（家庭），也就是說，缺少可稱之為「安全基地」的人事物。

在成長過程，與父母的關係中沒有安全基地的人，長大成人後就會不知道該怎麼建立「心靈的安全基地」。在 P.142 也提過，長大成人後的安全基地不僅僅是對自己來說安全、舒適的地方，而是能進行彼此同理的優質交流的地方。

建立可稱之為「安全基地」的人際關係並非易事，但即使只有一、兩個人也好，重點是要試著去尋找感覺與自己談得來、能夠進行優質溝通的人。

只要能在職場結交到一個宛如安全基地的人，高橋先生的狀況應該就會逐漸好轉。

此外，像高橋先生這種莫名沒自信的人，有時候會對未來感到悲觀，因而行動力低落。高橋先生明明「是靠自己的雙腳和頭腦開發客戶的」，卻沒能得到滿意的結果。另一方面，他又會逃避採取像吉田先生一樣的行動，無法毫不費力地透過主管或前輩介紹的客戶提升業績。

這是因為高橋先生採取了先前在 P.146 提到的「逃避行動」。當你逃避依賴他人、逃避向人求助，導致事情不順利時，就必須不假思索、毅然決然地嘗試採取吉田先生的行動。

以高橋先生的情況而言，嘗試過去自己不會採取的行動應該會比較好，例如對主管說「麻煩您教教我」或詢問前輩「遇到這種情況該怎麼做？」之類的。

嘗試行動之後，當然還是會遇到不順利的事情。但是，**在不斷採取行動的過程中，一定能夠累積「請教對方之後事情順利解決了」、「向人求助後事情順利解決了」的成功體驗**。

持續累積這種經驗，我想應該就能慢慢培養出源自「人脈」的可應付感。

第4章

任何事都有其意義

增強有意義感的課程

有意義感就是「任何事都有其意義」的感覺

新冠疫情下護理師的工作意義

專門書籍是這樣解釋有意義感（Meaningfulness）的：

「能夠感受到日常生活的價值和活著的意義（包含應對應激源的意義）的感覺」

（《壓力應對能力SOC（暫譯）》山崎喜比古、戶里泰典、坂野純子編／有信堂高文社／筆者部分修正）

簡而言之，就是「任何事都有其意義」，有意義感強的人會覺得「發生在自己身

上或人生中的所有事情都有意義」。

有意義感強的人即便處在痛苦的環境或高壓的狀況下，也能夠為事件賦予意義，比如「這個工作是有意義的」、「跨越這個難關自己就會獲得成長」。

舉一個在新冠疫情爆發時於醫療機關任職的護理師F小姐的例子。F小姐任職的醫院因為接收新冠肺炎患者，所以非常忙碌。她有時候甚至忙到沒辦法回家，而且工作時不僅擔心自己被感染，更害怕自己感染後傳染給年邁的雙親和家人。

在這種情況下，患者一個接著一個被送進來，工作變得前所未有地忙碌，這對F小姐來說是非常高壓的狀況。而她之所以能在這種艱難的狀況下繼續工作，是因為她覺得「我所從事的醫療工作是有意義的」、「跨越了這道難關，我就會成長為更厲害的護理師」。

你能感受到「工作意義」嗎？

在工作上，像F小姐這種能感受到工作意義的人是很強大的。

大家常提到「能讓人感受到工作意義的職場」，而這份工作意義是非常重要的。

據說安東諾夫斯基博士曾針對以色列陸軍的首尾一貫感較一般民眾高這件事，發表以下言論：「以色列陸軍的工作在社會上是受人尊敬的，擁有守護以色列人民這個共通的遠大目標意識，使他們產生了首尾一貫感。」

與「我們是為了什麼而工作的」、「自己工作的意義是什麼」這些目的相當明確的工作一樣，容易產生使命感的工作以及容易受到尊敬的工作，也會使人萌生強烈的有意義感。

雖然有時候很辛苦……
但是我很喜歡這份能幫助到病患的工作～

增強有意義感的重點

「自己派上用場」的貢獻感

要如何增強「有意義感」呢？安東諾夫斯基博士舉出了一個能增強有意義感的「優質人生經驗」——**某件事情獲得好結果，而自己也有參與其中的人生經驗。**

例如自己曾參與的某個企劃案大獲成功等等，這在第一章也提過。

所謂「某件事情獲得好結果，而自己也有參與其中的人生經驗」，指的是憑藉自己的行動，影響他人決策的經驗。

例如下列的經驗：

- 在會議上自己提出的意見得到採用，做出了很棒的企劃，讓大家感到開心，因而覺得「參加這場會議是有意義的」。
- 自己參加的棒球隊獲得優勝，雖然自己不是先發球員，但身為隊伍的一員，自己曾擔任球員的練習對象，並在必要的時候給予建議，因為這些經驗而覺得「自己為隊伍的優勝有所貢獻」。
- 客人買了自己任職的店家販售的商品，並誇讚自己「謝謝你們販售這麼棒的東西，真是幫了我大忙」，因而覺得「在這間店工作真是太好了」、「幫上了客人的忙」。

想要增強有意義感，像這樣「參與獲得好結果的過程」，累積「自己的發言獲得讚賞」、「自己的意見讓人感到開心，幫上大家的忙」的經驗是非常重要的。

獲得他人「認可」也很重要

此外，**累積「獲得他人認可的經驗」也可以實際感受到自己的存在意義，因此有意義感會增強**。

「多虧有你擔任負責人，這個項目才能成功」、「那項工作做得很好，我覺得很棒」，當工作方式獲得認可或被主管誇獎，就會覺得「自己的工作是有意義的」。

身處這種環境，有助於增強「有意義感」。

接著要向各位介紹培養「有意義感」的方法。

如何增強有意義感？

■ 某件事情獲得好結果，而自己也有參與其中的人生經驗

■ 累積獲得他人認可的經驗，實際感受到自己的存在意義

例

在會議上自己提出的意見被採用，做出了很棒的企劃，專案成功的體驗。

被主管稱讚：「上次的提報表現得很好。多虧有你，感覺我們能成功拿到這筆訂單。」覺得「自己在這個職場能夠派上用場」，並感受到自己的存在意義。

Lesson 在能感受到自己的「存在意義」的職場工作

「我們公司有你真是太好了」

獲得他人認可的經驗，關係著能否感受到自己的存在意義，有助於增強有意義感。由此可知，**在能感受到自己「存在意義」的職場工作，對於增強有意義感非常有幫助**。

舉例來說，有一間公司對你說「能取代你的人要多少有多少」，而另一間公司對你說「我們公司有你真是太好了，謝謝你」。

哪一間公司更能讓人感受到存在意義呢？肯定是後者。在後者這種職場工作，更有助於增強有意義感。

認可他人存在意義的主管會得到下屬的好評

我曾經在一間公司擔任顧問，並在那裡進行了關於「得到下屬好評的主管／被下屬嫌棄的主管」的調查。

根據當時的調查結果，得到下屬好評的主管是以下這類人。

- 指派工作給下屬時，即便那份工作只占整體的一小部分，依然會向下屬說明怎麼做才能對整體目標有所幫助、要留意哪些部分才能提升整體的品質。
- 在會議上討論到只有資深員工才懂的專業話題時，主管會為新人說明，讓新人能跟上話題。
- 即便自己的立場沒有資格提出意見，主管還是會來徵詢自己的意見。

另一方面，被下屬嫌棄的主管則是以下這類人。

- 當自己在會議上發表意見時，主管完全不把自己放在眼裡。
- 開口詢問指派給自己的工作細節，主管卻回「你只要閉嘴乖乖照我說的做就好」之類的話。
- 交出自己拚盡全力製作好的資料時，主管卻只說一句「先放旁邊」，然後那份資料就一直被擱置著。

從這裡我們可以發現，認可下屬「存在意義」的主管會獲得好評。由此可知，認可下屬存在意義的主管的一言一行，都會讓下屬的「有意義感」增強。

這件事讓我感受到，在能產生有意義感的人際關係之中工作有多麼重要。

請大家重視這些自己的想法或意見被所屬組織讚賞、覺得「自己派上用場」的經驗。

另外，能夠用尊重他人存在意義的態度與人相處的人，大多數都具備高度的有意義感。

Lesson

提升「轉換力」

覺得「自己派不上用場」而失去自信的時候

累積自己的想法或意見被所屬組織或社群讚賞、覺得「自己派上用場」的經驗，以增強有意義感，這件事應該很容易想像。然而，即便想要多多累積「自己派上用場」的經驗，掌控權也不在自己的手中。相反地，「造成別人麻煩」的情況卻不少，對吧？

要是在造成別人麻煩的時候，產生「自己沒有存在意義」的想法，有意義感就會減弱。

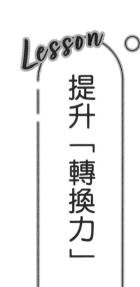

「對自己沒自信」、「覺得自己很沒用」，這些都是諮商個案經常找我商量的問題。然而，他們會有這種想法，與「別人對自己說了難聽話的經驗」或「自我評價低」大有關係。我認為真的「幫不上別人的忙」的情況可說是少之又少。

其實我也曾經有過覺得自己很沒用而喪失自信的時期。二十幾歲剛當上諮商師的我，曾經好幾度感到自己的人生閱歷不足以理解個案的狀況和心情。因為我並不是從學生時代就開始學習諮商，所以用來彌補人生閱歷的知識面也有所不足。

閱歷與知識的不足，讓我在諮商時表現得很沒自信，曾經被個案當面怒罵，也曾遭到客訴。

有一段時間我覺得自己可能不適合這份工作，於是去找資深的前輩商量，而那位前輩這樣對我說：「諮商師這個職業的好處，就是能將自己的失敗和痛苦經歷直接活用在工作上。」

從此之後，就算在諮商時被個案說「跟你這種（人生閱歷尚淺的）人講也是白講」而感到受傷，我也會好好記住當時的情緒以及平復心情的方法，讓這些經歷成為可以活用於工作的錦囊妙計。

如果能將失敗體驗轉換為成長的「養分」，我想應該會有助於有意義感的增強。

想要用這種方式增強有意義感，關鍵就在於提升「轉換力」，學會將高壓的事件轉換成人生的養分。

幫助增進轉換力的提問

該怎麼做才能提升轉換力呢？請用自己的方式思考看看下列問題，並試著寫出答案。

1. 當你遭遇失敗、沮喪、困難的狀況時，腦中會浮現什麼話語？

回答範例（筆者自身的狀況）：

自己總是在犯錯，是不是不適合做這份工作呢？

2. 若是將1的話語轉換成「有意義的話語」、「能夠激勵自己的話語」，會變成什麼？

回答範例（筆者自身的狀況）：

諮商師這個職業的好處，就是能將自己的失敗和痛苦經歷直接活用在工作上。

3. 2的話語會讓你湧現什麼情緒或想法？

回答範例（筆者自身的狀況）：

心情變得積極，想要好好完成每一次的諮商。

當你覺得自己很沒用而失落沮喪或遭遇困難，心想「自己是個廢物」、「失敗了……」、「為什麼會落得這種下場」的時候，可以藉由思考這些問題來轉換想法，把這些經歷看成「改變自我的機會」、「上天給予自己的成長機會」。

提升話語的轉換力

1. 當你遭遇失敗、沮喪、困難的狀況時，腦中會浮現什麼話語？

2. 若是將 1 的話語轉換成「有意義的話語」、「能夠激勵自己的話語」，會變成什麼？

3. 2 的話語會讓你湧現什麼情緒或想法？

我認為這種想法上的轉換是非常重要的。

此外，**寫下來的話，未來遇到困難的時候也可以回顧。**

建議大家用文字寫下能成為工作的精神支柱、能說服自己的「有意義話語」、「激勵自己的話語」，就像資深諮商師對我說的話那樣，然後把它當成錦囊妙計收藏起來，或貼在電腦上顯眼的地方。之後若是沮喪失落或遭遇瓶頸，就拿出來看看。我認為養成這個習慣有助於提升轉換力。

轉換力是有意義感的根基，轉換力或首尾一貫感天生就強的人並不多。

不過，我認為只要有意識地改變思考與看待事情的方式，有意義感就會逐漸增強。

Lesson 試著釐清並思考跨越這道難關究竟有沒有意義

無須為每一件事情找到意義

人只要不斷累積「自己受到重視」、「自己的存在受到尊重」的經驗（參與形成結果的經驗），就能增強有意義感。

但是，我們無法總是受到他人尊重，也無法自行控制那些機會。換言之，我們並不會總是覺得人生很有意義並感到充實。

那麼，要留意哪些事情才能靠自己增強有意義感呢？在此向各位介紹吉岡先生（假名）的例子。

吉岡先生一邊在研究所進行研究，一邊在某教育機關教授心理學與監修教科書。當時，負責統整、立場類似於領導人的遠藤小姐（假名／五十多歲女性）將講義與教科書全權交由吉岡先生製作，讓他覺得這份工作做起來很有意義。

然而，某一次吉岡先生和遠藤小姐在教科書的製作上意見分歧。吉岡先生雖然不認為自己的主張絕對正確，但也清楚明白地表示：「只要自己的名字會印在教科書上，就不允許以這個內容出版。」

問題不在於遠藤小姐和吉岡先生誰對誰錯，只是既然要掛名製作教科書，他想堅持自己所相信的事。

據說後來只要是遠藤小姐主持的會議和活動，他都沒有受邀參加，連授課相關的資訊都無法獲得，他開始覺得在這裡繼續待下去也沒有意義。

他覺得為了討好遠藤小姐而扭曲自己至今以來所做的事、重視的東西，會讓有意義感降低（吉岡先生知道首尾一貫感這個概念，並且已經整理過自己的煩惱），於是告知對方「不要將自己的名字放進教科書製作人員名單當中」之後，便離開了那個教育機關。

在增強「有意義感」這一點上，我認為這種情況很難處理。

對自己的人生而言「跨越這道難關是有意義的」這種感覺，就是「有意義感」，但**這並不代表我們要為所有的事情找出意義並跨越它。雖說「任何事都有其意義」，但有時候也必須區分出「有跨越的意義」與「沒有跨越的意義」的事情**。

關於這一點，安東諾夫斯基博士是這樣說的。

「根據安東諾夫斯基博士的說法，ＳＯＣ（首尾一貫感）強的人，會根據時間或場合選擇並運用靈活且相對快速、適切的應對策略與方式。而有一種人無論面對什麼樣的應激源都想要反擊並抗爭，乍看之下勇猛果敢，ＳＯＣ評分通常也異常之高，但博士將這種人與ＳＯＣ強（strong）的人區別出來，稱之為ＳＯＣ硬（rigid）的人，並稱這種人的特徵是面對應激源態度堅強卻脆弱易碎。這就是為什麼我們不將ＳＯＣ強的人單純描述為面對應激源態度堅強的人，而是思想靈活且態度堅強的

人。」（《壓力應對能力SOC（暫譯）》山崎喜比古、戸里泰典、坂野純子編／有信堂高文社）

遇到任何事都想要反擊並抗爭的人，不能算是首尾一貫感「強」，而是「堅強卻易碎」，真正首尾一貫感強的人，是「思想靈活且態度堅強」的人。

心中存有「以退為進」的想法，不硬逼自己跨越難關，也算是一種增強有意義感的訣竅。

釐清狀況，判斷是否該面對

因此，釐清眼前的困境並判斷「該面對還是該離開」，是相當重要的一件事。可以用左圖的方式試著釐清並掌握狀況。該圖以吉岡先生的狀況為例。

首先，寫出「讓你感到壓力的事件」。用自己的看法來寫也可以，但請留意要盡量寫出客觀事實；下一步是寫出「這件事帶來的影響」。對工作有影響嗎？人際關係

試著釐清狀況吧

1. 讓你感到壓力的事件（盡量寫出事實）

例 與工作上的關鍵人物（遠藤小姐）意見分歧，此後每次的會議或活動自己都沒受邀參加。

2. 這件事帶來的影響有哪些？（會影響工作嗎？會影響人際關係嗎？）

例 無法得知工作上的各種資訊，工作很難進行。

3. 你希望讓情況變得如何？（希望的解決方法）

例 讓遠藤小姐理解（自己的想法）。

4. 3有沒有實現的可能？

例 不大現實，覺得不值得嘗試。

變得如何？把自己想到的事都寫下來。

第三步是思考「你希望讓情況變得如何」並寫下來。這是自己覺得「如果能這樣就好了」的願望或理想。因為只是願望或理想，所以不要想太多，如實寫出自己的想法就好。

而最後，要思考剛才在第三步「你希望讓情況變得如何」寫出的解決方法「有沒有實現的可能」。

像這樣釐清狀況，用自己的方式了解整件事情，不僅可以增強可理解感，在思考解決方法時還能盤點自己手上擁有的資源，增強可應付感。

但是，**即便可以增強以上兩種感覺，如果感受不到「有意義感」，有時候也必須做出「不處理」的判斷**。

面對人生重大困境時也要心懷希望，盡己所能

得知母親癌症末期的加藤小姐

接下來會以我實際經歷過的諮商內容為基礎，告訴大家「增強有意義感的方法」。

這裡要介紹加藤小姐（假名／三十多歲女性）的例子。據我所知，加藤小姐是一個首尾一貫感並不低的人。但是只要人活著，就會遇到痛苦或悲傷的事。人生中會發生各式各樣的事，比如遭遇事故、生病、失去重要的人事物、離別。

〈加藤小姐的情況〉

有一天，六十幾歲的母親說她覺得胸部局部疼痛、感覺不大對勁，於是我陪她去醫院就診，結果醫生說可能是乳癌。

做完更精密的檢查後，得知母親已經癌症第四期，也就是末期，動手術也沒有意義了。餘下的選擇只有在體力還能負荷的時候持續以抗腫瘤藥治療。意料之外的壞消息接踵而至，我的眼前一片黑暗。

突然得知自己罹癌的母親雖然乍看之下很冷靜，但其實面對癌細胞轉移的不安、治療的選擇、抗腫瘤藥對年老的身體造成的副作用等等問題，內心擔憂不已。我雖然覺得要好好支援她，但自己也還處在「不知所措」的狀態。「預料之外」的事情接連不斷，不知道該怎麼辦才好，整個人一團混亂。

此外，在無法進行外科手術，選擇非常有限的狀況下，也難以產生「總會有辦法感」。想要鼓舞自己，回憶過去的經驗，試圖讓自己產生「總會有辦法感」，卻想不出任何適用於眼前情況的方法。

我與母親雖然不住在一起，但平常即便沒什麼特別的事，也會頻繁地打電話或用LINE聯繫。也許是這樣的關係，我腦中一直縈繞著「為什麼事情會變成這樣？要是早點發現就好了……」的想法。

「為什麼事情會變成這樣？母親的病有什麼意義嗎？」我只能這麼想。我之後到底該怎麼辦才好？

我們可以從這次的諮商中知道，平常首尾一貫感還算強的加藤小姐，在突然得知母親癌症末期之後，首尾一貫感降低了。「可理解感」和「可應付感」雙雙降低，於是怎麼樣都無法覺得「總會有辦法」。

在這種高度壓力的狀況下，加藤小姐該怎麼辦才好呢？

加藤小姐的故事還有後續，加藤小姐曾在某天夜裡，看見母親把累積至今、自己很喜歡的商店或餐廳的集點卡撕掉並丟進垃圾桶的背影。

當時的氣氛不方便搭話，但那光景令她移不開目光，也深深烙在她心上。加藤小姐的母親可能是覺得，自己已經沒辦法集完點了，也不想把標有期限的物品放在身邊。

加藤小姐看著她，心中想著「母親的這個身影我應該一輩子都忘不掉吧」，下一刻突然回過神來。**據她所說，就在此時，她想到「現在正是向母親報恩的時候」**。

而所謂的報恩，就是在為了母親的治療盡己所能這件事中感受到意義（**有意義感**）。

接下來，加藤小姐開始思考「就算只能盡棉薄之力也好，自己能做些什麼呢？」並閱讀書籍、獲取知識（**可理解感**），烹調能幫助身體承受抗腫瘤藥的料理，這麼做之後，她慢慢開始覺得「有辦法」了（**可應付感**）！

這可以說是先產生有意義感，再去回復並提升其他兩種感覺的最佳案例。

無論處在什麼狀況，都能產生有意義感

儘管是在遭遇前所未有的巨大障礙、無法產生可理解感的時候；再怎麼埋頭苦思都不覺得「總會有辦法」、無法產生可應付感的時候，還是能夠產生有意義感的。

這時候的意義感，會延伸變成「即便狀況很艱難，這件事還是有意義」、「我該做些什麼才能讓這件事變得有意義」的這種型態。

我在前言曾經提過，首尾一貫感是透過研究在猶太人集中營中存活下來，且後續也一直保持身心健康的女性而誕生的概念。請回想一下這件事，要是身處集中營這種環境，一定會覺得「完全不知道接下來會發生什麼事」、「不知道什麼時候會被殺」，對吧？這是一個可理解感必然會降低的狀況。

此外，在這種狀況下，應該沒什麼人能夠樂觀地覺得「總會有辦法」、「應該會有辦法活著出去」。

然而，即便身處這樣的狀況，依然有些人認為「經歷這種痛苦是有意義的」、「就

當作這個經驗也是有一點意義的」，那就是具有高度有意義感，認為「這件事一定有著某種意義」的人們。

有意義感強的人認為「這段經驗是有意義的」，所以才能保持高度的可理解感，心想「要做點什麼來預測未來的發展」、「想想看自己能做些什麼」，而此時，「相信事情一定有辦法解決」、「想辦法做點什麼吧」的可應付感也會隨之增強。

有意義感強的人，可以說是成長動力強大且勇於面對課題的人。具備有意義感，就能連帶產生可理解感和可應付感。

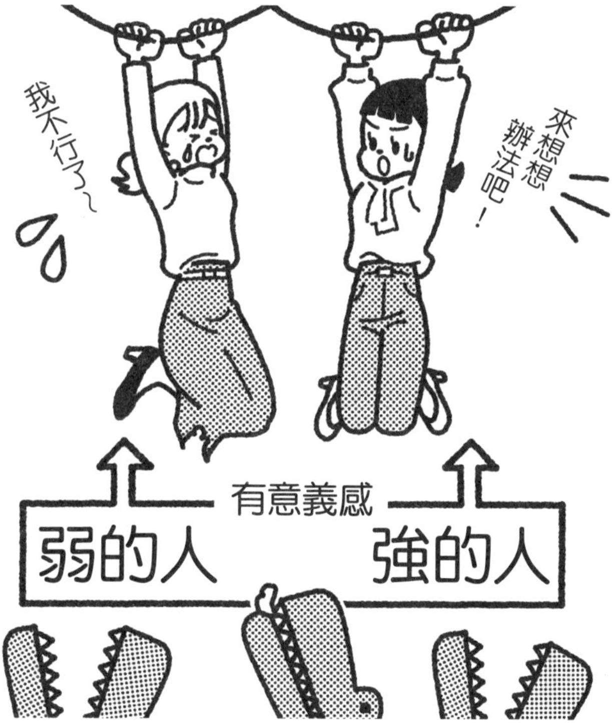
我不行了～
來想想辦法吧！
有意義感
弱的人
強的人

〈**雑誌・ウェブサイトなど**〉

『労働安全衛生法に基づくストレスチェック制度実施マニュアル』厚生労働省　二〇一六年
小塩佳奈・水上勝義『がん就労者のストレスと就労意向の関連の検討』「産業ストレス研究」25巻2号　二〇一八年
嶋田江利香・辻大士・水上 勝義『あん摩の手技を用いた力学的刺激が身体愁訴、気分、自律神経機能に与える影響』「文理シナジー」26巻2号二〇二二年
戸ケ里泰典・山崎喜比古・中山和弘・横山由香里・米倉佑貴・竹内朋子『13項目7件法 sence of coherence スケール日本語版の基準値の算出』「日本公衆衛生雑誌」62巻5号　二〇一五年
舟木彩乃・水上勝義『精神科医に求められる役割とメンタルヘルス』「新薬と臨牀」第65巻6号　二〇一六年
舟木彩乃・水上勝義『国会議員秘書のストレスに関する研究』「産業ストレス研究」25巻3号　二〇一八年
舟木彩乃・水上勝義『国会議員秘書のストレスに関する研究 - 4名のライフストーリー・インタビュー調査から』「文理シナジー」21巻1号　二〇一七年
舟木彩乃・水上勝義『地元事務所に勤務する国会議員秘書のストレスに関する研究 - 議員会館勤務の国会議員秘書のストレスとの比較 -』「文理シナジー」24巻1号二〇二〇年
舟木彩乃『職場のストレス・マネジメント術』「毎日新聞経済プレミア（Web)」二〇一九年
舟木彩乃『「部署ガチャがハズれ」と嘆く人がはまる無意識の罠、“貧乏くじ癖”の脱出法とは』「ダイヤモンドオンライン（Web)」二〇二三年
森本万記子・辻大士・水上勝義『神経筋疾患者の母親の心理的 well-being 関連要因の検討 – 首尾一貫感覚、スピリチュアリティ、コーピング –』「文理シナジー」25巻2号二〇二一年

人生總會有辦法：學會首尾一貫感，獲得讓生活更自在的壓力應對能力

作　　者／舟木彩乃
譯　　者／王綺
副 主 編／朱晏瑭
責任企劃／蔡雨庭
美術設計／點點設計　楊雅期
版面構成／唯翔工作室

總編輯／梁芳春
董事長／趙政岷
出版者／時報文化出版企業股份有限公司
108019台北市和平西路三段240號7樓　發行專線／（02）2306-6842
讀者服務專線／0800-231-705、（02）2304-7103　讀者服務傳真／（02）2304-6858
郵撥／1934-4724 時報文化出版公司　信箱／10899 臺北華江橋郵局第99信箱
時報悅讀網／www.readingtimes.com.tw　電子郵件信箱／books@readingtimes.com.tw
法律顧問／理律法律事務所　陳長文律師、李念祖律師
印　　刷／勁達印刷有限公司　初版一刷／2024年9月20日
定　　價／新台幣360元

ISBN　978-626-396-710-6 | Printed in Taiwan | All right reserved.

時報文化出版公司成立於一九七五年，並於一九九九年股票上櫃公開發行，
於二〇〇八年脫離中時集團非屬旺中，以「尊重智慧與創意的文化事業」為信念。

人生總會有辦法／舟木彩乃作.
初版. -- 臺北市：時報文化出版企業股份有限公司, 2024.09
ISBN　978-626-396-710-6(平裝)
1. CST：壓力 2. CST：抗壓 3. CST：情緒管理
176.54　113012572

「なんとかなる」と思えるレッスン
"NANTOKANARU" TO OMOERU LESSON

Original Japanese edition published by Discover 21, Inc., Tokyo, Japan
Complex Chinese edition published by arrangement with Discover 21, Inc.